W0192462

Kerstin Plehwe (Hrsg.)
Die Dialog-Revolution

Kerstin Plehwe (Hrsg.)
Die Dialog-Revolution
Aufbruch in ein neues Zeitalter der Kommunikation

ISBN 978-3-9812629-2-6
Hanseatic Lighthouse

Die Deutsche Bibliothek-CIP-Einheitsaufnahme
Ein Titelsatz für diese Publikation ist bei der Deutschen
Bibliothek erhältlich.

Das Werk, einschließlich aller seiner Teile, ist urheber-
rechtlich geschützt. Jede Verwertung ist ohne Zustimmung des Verlages unzulässig. Dies gilt insbesondere für
Vervielfältigungen, Übersetzungen, Mikroverfilmungen
und die Einspeicherung und Verarbeitung in elektro-
nische Systeme.

1. Auflage, Januar 2010
© Copyright by Hanseatic Lighthouse GmbH & Co. KG,
Hamburg

Druck: Advantage Printpool GmbH, 82205 Gilching
Umschlaggestaltung: Kathrin Kuhfß, Wedemark

Printed in Germany

Ihre Meinung zu diesem Buch ist uns wichtig.
Schreiben Sie an info@hanseaticlighthouse.de

Die Dialog-Revolution
Aufbruch in ein neues Zeitalter der Kommunikation

Hanseatic Lighthouse

Inhalt

III. Best-Practise aus der Zivilgesellschaft 89

IV. Best-Practise aus der Politik

Vorwort

Ein Jahr ist es erst her, seit Barack Obama die Massen im Wahlkampf begeisterte. Dabei waren es nicht nur die Popularität seiner Person und die breite Kritik an der Politik George W. Bushs, die ihm halfen, ins Weiße Haus einzuziehen. Nein. Obama setzte so konsequent wie kein Kandidat zuvor auf die Kraft des Dialogs. Sein erklärtes Ziel war es, eine Kampagne zu führen, die in der Gesellschaft lebte; die mehr sein wollte, als ein schillernder Werbefeldzug für einen medienaffinen Präsidentschaftskandidaten. Obama und sein Team setzten auf bürgernahe Kommunikation, auf den Mitmach-Aspekt, auf die authentische Kraft von Freiwilligen, die als Multiplikatoren in die amerikanische Gesellschaft ausstrahlten. „It´s about you" – das war das Motto der Kampagne, die den Beitrag des Einzelnen in den Mittelpunkt des gemeinsamen Wahlkampfes stellte.

Mit dieser Ausrichtung folgte Obama ganz bewusst einem gesellschaftlichen Trend, den Wissenschaftler seit Jahren beobachten. Unsere Gesellschaft wird individualisierter, aber nicht unbedingt individualistischer. Menschen sind bereit, sich persönlich stärker als früher einzubringen, fordern aber auch mehr; sie wollen Stimme haben und Gesicht zeigen; sie sind auf der Suche nach Sinn und Gemeinschaft, dabei aber zunehmend selbstbewusste und kritische Zeitgenossen, die sich nicht mehr reflexartig von noch so teuren Werbekampagnen überzeugen lassen.

Dieser Trend wird verstärkt von einem Mediensystem, das immer transparenter, interaktiver, offener und fragmentierter wird. Das Zeitalter der breiten medialen Massenansprache neigt sich dem Ende zu. Fast romantisch muten die Zeiten an, als die große Samstagabend-Show gefühlte 90 Prozent der Gesellschaft erreichte und Tagesschau und Wochenmagazine die Agenda setzten. Heute sieht die Medienwelt radikal anders aus. Massenmedien haben zwar noch das Potenzial, Reichweite zu schaffen, Inhalte zu emotionalisieren und sie in unserem Bewusstsein zu verankern. Aber sie leiden unter sinkenden Reichweiten und einer abnehmenden Glaubwürdigkeit, ebenso wie viele der werblichen Absender. Und so registrieren die Kommunikationsexperten seit Jahren, dass immer weniger von den Botschaften ankommen, die über eindimensionale Einbahnstraßenkanäle wie Plakate, TV, Radio oder Anzeigen gesendet werden und die kaum Austausch und Feedback zulassen.

Vor diesem Hintergrund vollzieht sich in Marketing- und PR-Abteilungen ein Umbruch, der den Menschen mit ihren neuen Bedürfnissen besser gerecht wird. Die Rede ist vom Dialog. Und manche machen das so gut, dass sie in ihren Zielgruppen Dialog-Revolutionen entfachen und ungeahnte Erfolge erreichen. So wie Barack Obama.

Die Dialog-Revolution beruht auf dem Wissen, dass die klassische Werbung zwar weiterhin sinnvoll ist, um z.B. Aufmerksamkeit und Reichweite zu schaffen. Um Menschen aber von einer Botschaft zu überzeugen, ihr Vertrauen zu gewinnen und sie längerfristig an eine Marke oder Organisation zu binden, bedarf es eines individuelleren und lebensnäheren Dialogs, der auf Augenhöhe stattfindet. Und beide Disziplinen müssen perfekt verzahnt und synchronisiert werden, um erfolgreich zu wirken.

Im Mittelpunkt moderner Kommunikation steht mithin immer öfter das Gespräch. Gerade im Zeitalter des Web 2.0 geht es darum, Menschen dort zu erreichen, wo sie sind und wo sie diskutieren – kurzum: points of exchange zu finden. Es geht darum, zuzuhören anstatt zu beeinflussen. Es geht um gute Argumente anstatt um plakative Werbeslogans. Und ja, in letzter Konsequenz geht es um ein neues Bild des Konsumenten, Wählers, Mitarbeiters oder Spenders, das ihn nicht als anonymen Empfänger von stimulierenden Botschaften, sondern als aktiven und kritischen Menschen betrachtet, der überzeugt und involviert werden möchte.

All das wissen kluge Kommunikatoren und diskutieren intensiv über neue Wege des Dialogmarketings. Allzu oft verharren sie aber in den alten internen und externen Mustern. Oft ist zwar die Einsicht vorhanden, neue dialogische Weg zu gehen, aber es fehlt häufig am Mut und der Konsequenz, die neuen Ideen vollumfänglich einzuführen und umzusetzen – also eine Dialog-Revolution zu starten und sie auch auszuhalten. Das ist verständlich, geben die bisherigen, ausgetretenen Pfade der Kommunikation doch das Gefühl von Verlässlichkeit und Steuerungsmöglichkeit. Wenn das Plakat gekauft, der TV-Spot gebucht oder die Zeitungsanzeige platziert ist, haben viele das (scheinbare) Gefühl der Kontrolle über eine Botschaft und deren Reichweite. Dieser Schein trügt allerdings – wie gesehen – allzu oft.

Kurzum: Es fehlt oft am Mut zum Dialog. Genau zu diesem Mut möchte dieser Sammelband aber aufrufen. Ziel dieses Buches ist es, Kommunikationsexperten aus Wirtschaft, Politik und Zivilgesellschaft zusammenzubringen, die anhand von Best-Practise-Beispielen zeigen, dass dialogorientierte Kommunikation Erfolge zeitigt; dass es Sinn macht, Menschen direkt anzusprechen; dass es sich lohnt, Kontrolle abzugeben, um authentische Gespräche entstehen zu lassen und zu führen. Gespräche, aus denen alle Beteiligten als Gewinner hervorgehen.

Manche werden vielleicht denken, dass in so diversen Bereichen wie Wirtschaft, Politik und Zivilgesellschaft ganz unterschiedliche Bedingungen für Kommunikation herrschen und man nicht voneinander lernen kann. In der Wirtschaft geht es um den erfolgreichen, belastbaren Kontakt zum Kunden, im Wahlkampf um die Mobilisierung von Wählern, für NGOs steht das Werben um Spenden im Fokus. Ich habe aber viele Beispiele gesehen, die zeigen, dass wir alle voneinander lernen können: die NGOs von der Politik, die Wirtschaft von den NGOs und die Politik von allen eben genannten. Denn: Der Blick über den Tellerrand hinaus ist es, der neue Impulse verleiht und Erkenntnisse ermöglicht, nicht das Verharren im eigenen Milieu.

Genau diesen Blick über den Tellerrand möchte der vorliegende Sammelband anbieten. Nach drei einleitenden, überblicksartigen Beiträgen über die neue Bedeutung von Dialog in der Kommunikation, sollen die

Praktiker zu Wort kommen, die mit ihren Kampagnen und Projekten neue und innovative Wege gegangen sind. Es schreiben in diesem Buch Wahlkämpfer und Fundraiser genauso wie erfahrene Marketingprofis aus der Wirtschaft. NGOs teilen ihr Wissen mit Unternehmen, Parteien mit Agenturen. So entsteht ein facettenreiches Bild dessen, was heute moderne Dialogkommunikation ausmacht und leisten kann.

Erlauben Sie mir an dieser Stelle noch eine kritische Anmerkung. Wir alle wissen, dass auch das beste Instrument und die brillanteste Strategie per se keinen Erfolg versprechen. Es gibt keine Allheilmittel. Grundlage für einen Erfolg ist und bleibt die richtige Botschaft, die Menschen überzeugt und begeistert. Dialogkommunikation kann maßgeblich zum Gelingen einer Kampagne oder einer Marketingstrategie beitragen. In letzter Konsequenz ist sie jedoch nur so gut, wie die Inhalte, die sie transportiert und so glaubwürdig wie ihr Absender.

Mit einem herzlichen Dank an alle Unterstützer und Autoren wünsche ich Ihnen nun viel Spaß bei der Lektüre dieses Sammelbandes, der Information, Inspiration und Motivation für Verantwortliche in Wirtschaft, Politik und Zivilgesellschaft sein möchte.

Herzlichst
Ihre

Kerstin Plehwe
Berlin, im Dezember 2009

I. Dialog – Drei einführende Einblicke

Dialog – Ein Paradigmenwechsel

Maik Bohne, IIPG - Internationales Institut für Politik und Gesellschaft

Es war im Herbst 1996, als sich Steve Rosenthal, Kampagnenleiter des größten amerikanischen Gewerkschaftsverbandes AFL-CIO, vier Fernseher in sein Hotelzimmer in Chicago stellen ließ. Die Gewerkschaften befanden sich gerade mitten im Wahlkampf, um den Demokraten den Einzug in das Weiße Haus und die Mehrheit im Kongress zu sichern. Sie hatten TV-Spots für Millionen von Dollar in allen Teilen des Landes und auf allen wichtigen Kanälen gekauft. Rosenthal wollte im Selbstversuch testen, wie die eigene TV-Werbung wirkte und welchen Eindruck sie auf den gewöhnlichen Zuschauer machte.

Das Resultat des Selbstversuchs: Rosenthal wurde vor Augen geführt, dass die Botschaften der Gewerkschaften sich vollkommen verloren zwischen Werbung für Kosmetik, Erfrischungsgetränken und Elektronikartikeln. Zurück in der Gewerkschaftszentrale in Washington, DC ordnete er an, die Budgets für klassische Werbung in TV, Radio und Anzeigen in Zukunft zurückzufahren, um mehr Ressourcen in den direkten Kontakt mit Wählern und Mitgliedern investieren zu können. Rosenthal wollte zurück zu den Wurzeln der Arbeiterbewegung, zum persönlichen Gespräch zwischen Kollegen. Und zu direkten Botschaften an der Haustür, im Betrieb, am Telefon, im Briefkasten und im Internet.

Diese Entscheidung war der Auftakt eines Paradigmenwechsels in der politischen Kommunikation der USA. Die Gewerkschaften waren so erfolgreich mit ihrer Rückkehr zum Modell der grasverwurzelten Kommunikation, dass sie sowohl die Kampagne von George W. Bush als später auch die Wahlkämpfe der demokratischen Präsidentschaftskandidaten Howard Dean und Barack Obama maßgeblich inspirierten. Dean war es, der das Zitat für den grundlegenden Wandel weg von werbeoptimierter Einbahnstraßenkommunikation über TV hin zu authentischer, dialogorientierter Kommunikation prägte, als er sagte: „The revolution will not be televised".

Dieser Trend ist mittlerweile auch in der deutschen Politik angekommen, wie kürzlich eine Studie der Initiative ProDialog zur Dialogorientierung im Bundestagswahlkampf 2009 zeigte. Die Parteien setzten im Wahlkampf wieder stärker auf den direkten Kontakt zum Wähler, sie führten mehr persönliche Gespräche, suchten den lebensnahen Dialog, machten ihre Freiwilligen zu Multiplikatoren, die direkt in die Gesellschaft ausstrahlten. Dies geschah zwar nicht so konsequent und umfangreich wie bei einem Barack Obama, aber die Richtung war dieselbe wie in den USA. Hinaus zu den Menschen sollte es gehen – so direkt und unmittelbar wie möglich.

Im Kern ist dieser Wandel ein Zurück zu den Wurzeln der Kommunikation, die immer schon am stärksten war, wenn sie persönlich, authentisch und direkt stattfand – also ohne Zwischenhändler in Form von medialer Massenkommunikation. Dieser Trend zum „back to the roots" hat nicht nur die Politik, sondern auch das Marketing der Unternehmen erreicht, die mittlerweile vielfältige Formen der Dialogkommunikation in ihren Medienmix aufgenommen haben. In der Tat sind One-to-One-, Direct-Response- oder Dialogmarketing zu festen Begriffen und Strategien im Arsenal der Werber und PR-Verantwortlichen geworden.

Das zeigt auch der Dialog Marketing Monitor 2009. Er ermittelte kürzlich, dass dialogorientierte Medien wie Werbesendungen, Telefon, Online oder Mobile Marketing mittlerweile 63 Prozent der Gesamtwerbeaufwendungen (80,9 Mrd. Euro) in Deutschland ausmachen. Auf die klassische Werbung per TV-Spot, Anzeige oder Plakat entfielen hingegen nur 37 Prozent. Spitzenreiter bei den Dialogmedien ist weiterhin der Brief. Es ist aber der Online-Sektor, der die deutlichsten Wachstumsraten verzeichnet.

Laut der ARD/ZDF-Onlinestudie 2009 sind mittlerweile 67,1 Prozent der Bundesbürger online – immerhin 43,5 Millionen der bundesdeutschen Erwachsenen. Auch die durchschnittliche Verweildauer im Netz wächst. Lag sie 2006 noch bei 119 Minuten täglich, so stieg sie 2009 um 17 auf 136 Minuten. Peak bei der täglichen Internetnutzung ist der Zeitraum zwischen 19 und 21 Uhr – also zur guten alten Hauptsendezeit des Fernsehens. Das größte Wachstum verzeichnen online gerade die nutzerintensiven Angebote wie Videoportale und soziale Netzwerke à la Facebook, studiVZ/meinVZ, MySpace und – für die ältere Nutzergruppe – werkenntwen.de. Ihre Nutzung ist seit 2007 im zweistelligen Bereich gewachsen.

Chancen

Die Zahlen machen deutlich: Die Medienarchitektur ist spürbar dialogaffiner geworden. Insbesondere die Möglichkeiten des Web 2.0 - des Mit-Mach-Netzes - regen die Phantasie der Kommunikationsforscher an. Collaboration, Coopetition und Social (Media) Richness sind die neuen Begriffe der Trendscouts. Das ist – mit Verlaub – noch Zukunftsmusik, denn Praktiker wissen weiterhin um die Bedeutung der klassischen Medien. Auch wenn sie an Kraft verlieren, so sind sie doch unersetzlich, wenn es um das Schaffen von Reichweite geht. In der Tat scheint sich im Moment eine neue Form der Symbiose zu entwickeln. Die Klassik schafft Aufmerksamkeit für eine Botschaft, der Dialog verleiht ihr die nötige Tiefe. Genau diese Tiefe ist es aber, die in einem zunehmend unübersichtlichen Medienumfeld über den Erfolg oder den Misserfolg von Kampagnen entscheiden wird. Deshalb setzt Dialogkommunikation schon heute die Trends für die Zukunft des Marketings. Die drei wichtigsten seien an dieser Stelle erwähnt: Lebendigkeit, Vertrauen, Innovation.

Lebendigkeit

Der zu großen Teilen anonyme, passive Empfänger von Werbung existiert immer seltener. Heute kommt eine Botschaft nicht mehr per se bei den Menschen an, wenn sie zur Hauptsendezeit über den Fernsehschirm flimmert oder an den großen Ausfallstraßen der Stadt plakatiert wird, mag sie noch so gut getextet und visualisiert sein. Der Grund: Wir alle leben im stetig zunehmenden Informationsdickicht aus Bildern und Nachrichten, die uns überall umgeben. Diesen Dschungel zu durchdringen – also Botschaften nachhaltig bei Konsumenten, Wählern oder Mitarbeitern zu verankern – wird immer schwieriger. Je stärker die Mediengesellschaft unter kollektiven Aufmerksamkeitsdefiziten leidet, desto wichtiger wird die persönliche und direkte Kommunikation, die durch die Phalanx der massenmedialen Berieselung bricht. Im Prinzip geht es um eine (Re-)Sozialisierung des Marketings. Dessen Anspruch muss es heute mit den modernen Mitteln des Dialoges sein, Botschaften in der Gesellschaft leben zu lassen, sich von Freund zu Freund, von Familie zu Familie, von Kollege zu Kollege weiterzuverbreiten. In sozialen Netzwerken, auf der Straße oder als Response-Element im Brief oder Fax, immer geht es darum, Menschen einzubeziehen, sie ernst zu nehmen, sie zu berühren, kurzum: Viralität zu erzeugen, um Teil der Alltagsgespräche zu werden. Nur so bekommt die eigene Botschaft Tiefe und Lebendigkeit.

Ein gutes Beispiel ist hier die Kampagne des Trinkwasserproduzenten Evian. Er drehte Online-Spots, in denen kleine Babys die Hauptrolle spielen. Unterstützt von moderner Animationstechnik tanzen sie in den kurzen Filmen als Hip Hopper auf der Straße, machen Rollschuh-Stunts und coole Moves. Das Video wurde millionenfach auf YouTube angeklickt und per E-Mail weitergeleitet und so zum Gesprächsthema bei der Zielgruppe der 25-40-jährigen Eltern. Ohne eine einzige Minute des Schaltens teurer Fernsehwerbung.

Vertrauen

Die Markenwerbung verspricht allzu oft eine schöne, heile Welt, die sie nicht halten kann. Aus diesem Grund sind Zynismus und geringe Glaubwürdigkeit gegenüber plakativen Werbebotschaften weit verbreitet. Konsumenten, Wähler oder Mitarbeiter sind skeptisch geworden. Sie haben mittlerweile einen feinen Sinn dafür entwickelt, was Schein und was Sein ist. Das liegt auch an den schnelleren und leichter verfügbaren Medien, die Personen, Prozesse und Organisationen so transparent wie nie zuvor machen.

Maik Bohne

Um diesen Kreislauf des Skeptizismus zu durchbrechen, bedarf es nicht des Rückzugs hinter ein künstlich-plakatives Image, an dem mit smartem Spin-Doctoring herumgebastelt wird. Die einzige Chance, Menschen zu überzeugen und ihr Vertrauen zu gewinnen, ist offen und direkt auf sie zuzugehen. Transparenz ist das Gebot der Stunde. Heute sind Unternehmen genauso wie Parteien und NGOs stärker als bisher gefordert, ihre Arbeit und ihre Absichten offen zu legen. Tun sie das nicht selbst, so wird es für sie getan. Das Ende vom Lied: Ein massiver Verlust an Glaubwürdigkeit und Vertrauen. Zwei Dinge, die in Zeiten hart umkämpfter Kunden-, Wähler- oder Spendermärkte nicht hoch genug bewertet werden können.

Nicht umsonst hat die neue Spitze der SPD gerade angekündigt, wieder direkter in die Gesellschaft hinauszugehen und die Basis intensiver an der Diskussion über die inhaltliche Ausrichtung der Partei zu beteiligen. Die Sozialdemokraten haben gemerkt, dass es der offene Dialog ist, der Vertrauen schafft, nicht autoritäre Basta-Politik.

Innovation

Zum Dialog gehört auch die Tugend, zuzuhören anstatt einfach loszureden. Nimmt man diesen Vorsatz bewusst an, so ergibt sich die - weithin unterschätzte - Chance, von den eigenen Konsumenten, Mitgliedern oder Mitarbeitern zu lernen. Innovation, das hat schon James Surowiecki in seinem Buch „Wisdom of the Crowds" eindringlich beschrieben, ist keine Sache von einigen wenigen Experten mehr. Hat man es erst einmal geschafft, rund um die eigene Marke oder Organisation einen überzeugten Kreis von Unterstützern zu schaffen, der sich aktiv einbringen möchte, dann sollte man dessen Wissen und Kreativität unbedingt nutzen.

In der Tat ist Crowdsourcing mittlerweile zu einem festen Bestandteil des Dialogmarketings geworden. Die Einsatzgebiete sind vielfältig. Das Testen einer Produktserie, die kollektive Entscheidung über die Vergabe von Spendengeldern oder die Entwicklung eines neuen Slogans, all das kann aus der Community heraus entstehen, nicht mehr über sie hinweg.

Auch wenn es oft nur zwei von 100 Ideen sind, die überzeugen, so sind und bleiben es doch zwei gute Ideen, die man vorher nicht gehabt hat.

Herausforderungen

Dieser pointierte Einblick zeigt das große Veränderungspotenzial, das dialogorientierte Kommunikation besitzt. Dieses Potenzial kann sie aber (noch) zu selten ausschöpfen, weil sie bis heute im Wesentlichen auf drei grundlegende kulturelle Grenzen stößt.

Erstens stellt konsequenter Dialog, in dessen Zentrum der offene Austausch auf Augenhöhe steht, lang eingeübte Hierarchien und Kaskaden infrage. Leider dominiert in vielen Organisationen, aber auch in der Beziehung zwischen Unternehmen und Kunde, jedoch weiterhin das Oben und Unten, das Überreden ohne überzeugen zu wollen, das künstliche Schönen von unschönen Wahrheiten, die Angst vor Feedback und Aussprache. Hier ist die Bereitschaft unabdinglich, in Zukunft Hierarchien aufzubrechen und Mut zu Transparenz zu haben, wenn man vertrauensvolle Dialoge führen möchte.

Dazu gehört zweitens die immer noch weit verbreitete Angst, Kontrolle über die eigene Kommunikation abzugeben. Viel zu oft gibt man sich in den Chefetagen von Firmen, Parteien und NGOs der Illusion hin, Botschaften hygienisch und „störungsfrei" vom Sender zum Empfänger senden zu können. Ein gewisser Grad an Vielstimmigkeit ist aber in einer fragmentierten und schnellen Mediengesellschaft wie unserer nicht mehr zu vermeiden. Deshalb sollte man Botschaften Raum geben, in der Gesellschaft zu leben, ohne sie bis ins letzte Detail kontrollieren und einengen zu wollen. Und dabei das kluge Zitat des Philosophen Karl R. Popper im Kopf behalten: „Der Wert eines Dialogs hängt vor allem von der Vielfalt der konkurrierenden Meinungen ab."

Drittens gibt es die Tendenz zur dialogischen Zurückhaltung in unserer Gesellschaft. Gerade in einer Kultur wie der deutschen, in der das Recht auf Privatheit und Privatsphäre einen sehr hohen Stellenwert einnimmt, wird es nur bedingt geschätzt, immer und überall zum Mitmachen, zum Gespräch und zur Teilnahme aufgerufen zu werden. Dialog nur mit denjenigen, die ihn auch wollen. Das sollte die Maxime sein. Aufgezwungene Kommunikation ist keine Option. Sie verärgert mehr, als dass sie Gutes tut.

Abschließend bleibt aber das, was Steve Rosenthal in seinem Hotelzimmer in Chicago festgestellt hat. Plakative Botschaften in informationsüberfrachteten Massenmedien, Einbahnstraßenkommunikation vom unpersönlichen Sender zum anonymen Empfänger, all das ist nicht mehr zeitgemäß. Der Dialog setzt heute die Trends im Marketing und hat es – mehr leise als laut – revolutioniert. Wir befinden uns mitten in einem Paradigmenwechsel, auch wenn noch nicht alle Kommunikationsverantwortlichen so viel Chuzpe haben wie der clevere Gewerkschafter Rosenthal.

Meine Notizen und Ideen zum Thema:

_____

_____

_____

_____

_____

_____

_____

_____

_____

_____

_____

_____

_____

_____

_____

_____

_____

_____

Redefining Communication
Direct Marketing and the Power of Community Activism

Thomas Gensemer, Blue State Digital

How do you motivate over 2 million social networking participants to create and promote over 200,000 offline events? Better yet, how do you mobilize over 3 million individual donors to contribute over $500 million in online donations? Three words - community, communication, and commitment!

Communication is deeply rooted in community, and every community has its own spectrum of personalities. From the big-shot donor to the penniless college student, the hesitant supporter to the die-hard fan, it is these dichotomies (and everybody in between) that are the true power-house of any direct marketing campaign – whether political, non-profit, civic, social, or corporate.

Communication must go far beyond traditional messaging - it must inspire action. At the core of this approach must be an authentic and multi-dimensional relationship that both builds and inspires communities to take actions that drive meaningful results. Whether you are looking to build a constituency, raise funds, advocate awareness, empower membership, or promote a brand, each dynamic personality must be engaged and empowered to act as a one-man evangelist within a larger community context.

These goals all share a unifying quality - inclusivity. User actions - a donation, a vote, an enlistment - although differing in objective, are by no means mutually exclusive. Instead, each goal should be thought of (and approached) as one prong of a multi-faceted community building direct marketing tactic. How do you inspire the big-shot donor to organize an offline event? How does the penniless college student raise thousands of dollars in donations? Simply put, community.

Blue State Digital has been pioneering the development of community-oriented marketing campaigns since 2004, when we started with a strict focus on electoral politics. Using effective, action-oriented email marketing, good old-fashion grassroots issue mobilization, and innovative online advertising techniques, we have helped reshape American politics in just five short years.

From the early days of Howard Dean to the more recent election campaign of President Obama, we have built online tools and refined strategies that support the active engagement of the everyday citizen in what was long considered the elite world of wealthy donors, wonkish advisors, and globetrotting dignitaries. We helped take back control of the political dialogue in America from the opinion leaders and put real power – in the form of fundraising dollars, blogs, peer-to-peer activism, and, ultimately, Election Day votes – in the hands of individuals and community circles. Welcome to the world of the community activism.

Recently, we have experienced similar successes in consumer and charity campaigns that vary from Hollywood movies to the telecom industry to the American Red Cross.

We have grappled with the challenges of helping the independent film, Trouble the Water, which had virtually no promotional budget receiving rave reviews in the major press, online fuelling its theatrical run in 50 cities instead of the usual five, and eventually being on the shortlist for an Academy Award.

We are helping a telecom trade association advocate for lower taxation and new government policies to promote broadband deployment in rural areas by promoting the positive impacts of its products and services and generating tens of thousands of authentic customer testimonials. We have partnered with The U.S. World Cup Bid Committee to build a strong community of American soccer fans (and soon-to-be soccer fans) who are ready to stand up and let the world know that The Game is in the US.

All of these campaigns – from the election of a new President to Hollywood – share four very common and achievable traits. So then, how have these lessons of community-driven activism redefined the traditional means of communication? How can direct marketing efforts, based upon a "bottom up" ethos, topple the grip of elitist opinion makers and place the power of communication back into community? The answers are simpler than you might expect.

Lesson One: Less Ornamentation, More Communication

Since the advent of the Internet in the early 1990's, Chief Marketing Officers have had an ever-growing chequebox of 'must haves' for their digital presence. First was the basic "brochureware" website, then the email newsletter, then blogs, then mobile, and most recently Twitter, Facebook, and about a dozen other social networking sites that all offer to do the same thing.

For most, the crowded array of tools and gimmicks has done little or nothing to advance their core messages, deepen loyalty for their cause or brand, or to cultivate public interest that drives meaningful action and delivers substantive results.

These tools and digital assets are indeed powerful when deployed to achieve a strategic communications goal. However, on their own, like Christmas ornaments dangling from your tree, they act as more of a distraction than an asset, allowing digital strategists and technologists to avoid the real challenges that confront them in an uber-networked digital world.

Some say Obama's 2008 campaign started with a speech four years earlier at the nominating convention. But months before, in the early days of his Senate campaign drawing on his years as a community organizer, he recognised the value of creating a sustained campaign dialogue with his supporters.

Email was king. By the time he became famous with an inspiring speech about "red states and blue states" and being "a skinny black kid with a funny name," he had built a loyal online audience of over 100,000 volunteers which served as a the basis of his campaign fundraising in 2004. It was this core community of committed activists that would convince him and his advisors of his presidential viability just a few years later.

Flash forward to February 2007 in Springfield, Illinois. Barack Obama announced his candidacy for President and urged all Americans who were hungry for a new kind of politics to join him by signing up for - you guessed it - an email list. An SMS army of millions would eventually be added to the arsenal.

We were not sending email newsletters though. It is time people realise that no one reads those things. These campaign e-alerts were short (often times as short as a few sentences) personalised notes requesting a clear action to be taken by the recipient.

Over the 22 months that followed, this list - ultimately 13 million strong - would raise over $500 million dollars (from an unbelievable 3.2 million individual contributors giving an average of less than $100). What is more, this grassroots army would be compelled (from more than 1.2 billion individual email messages) to reshape the face of campaigning by making over ten million personal phone calls to targeted voters, registering over 5 million new voters, and hosting over 300,000 grassroots events in their own homes, schools, and community centres.

It all starts with clear, concise, "do this now!" communications.

Lesson Two: Technology isn't meant to Awe, it's meant to Facilitate

"myBO", the campaign social network that our firm Blue State Digital built for the campaign was not deployed just to facilitate peer-to-peer networking or to simply deepen the page view metrics on the campaign site (although it succeeded at both).

As a long-time community organizer, Barack Obama knew that the key to his electoral success would be his campaign's ability to build localized networks of supporters talking to their neighbours directly on his behalf. This was not a campaign about broadcast "top-down" messaging.

Instead, our tools (the same tools available to all of our clients) were deployed to help scale this basic behaviour of neighbour-to-neighbour, friend-to-friend, family-to-family communication in unprecedented ways. Yes, some of these interactions could have been accomplished with third-party networks (Facebook or otherwise), but by using our technology the campaign was able to maintain control of all data, allowing it to constantly (and directly) match these independent activist behaviours to the performance of email communications and live event participation to identify the best, most loyal, top-performing activists.

For example, if someone opens every single email he or she receives, takes a more-than-average share of the prescribed actions, and invites a friend or two to join them, you know that this is a relationship worth recognising, rewarding and investing real resources in. And invest they did.

Back to the Christmas tree analogy for a moment. Each new tool or layer of the communications arsenal should be deployed in response to a perceived need. Are you setting up local screenings of that movie – how about a branded events tool? Setting up a campaign to advocate candidates for policy changes? There's a tool for that too.

Do not overwhelm supporters with digital tools until you offer a clear reason and purpose (and ideally an offline goal) to use them. And be ready to recognise and reward their use on your behalf.

Lesson Three: Authenticity and Transparency Matter

Your supporters, advocates, endorsers, and donors expect a closer relationship with you, and perhaps more importantly, with those around them, than ever before. If they feel close to you, and their community, they will be the best asset you have.

A static website (no matter how flashy) giving insipid information and fact sheets is no longer enough of a web presence, if it ever was. Users expect more and will go elsewhere if it is not delivered. Like any good relationship, they want (and need) meaningful two-way communication.

On one hand, you have a role to play. Telling your story in imaginative ways, and allowing your supporters to be involved in your storytelling and thought process is a great way to promote inclusivity. Blogs might seem the place for outspoken views, but they can also be a place to explain your stance, to share with them the moments that matter, and facilitate new perspectives from your most loyal communities. Video is now not only a great way of conveying information but is an expected means of communication.

Screenshot der Website www.barackobama.com

But even more important than talking to your supporters is letting them talk to you - and to each other. Obama's campaign opened the doors and gave the volunteers making their time and money available the opportunity to share their thoughts. Not always pretty or on message, but they became the best advocates for Barack Obama's campaign. Uploading videos of themselves campaigning, posting pictures of their local events, and recording messages of support - provided the real voice that money cannot buy.

Lesson Four: Local, Local, Local

The new ability to engage and mobilize people online presents one danger: an assumption that talking to people online can replace real, person-to-person contact. E-mailing 100,000 people will never be able to replace speaking with your supporters face to face. The reality is that online engagement helps you to do offline engagement better - by reaching more people in the way they want to be reached. But it does not change the fundamentals.

In politics, the core task is to reach people, discuss their needs and desires, and persuade them that you are best placed to serve them. Barack Obama didn't make the mistake of thinking that persuading someone to read the campaign's emails was an end in itself. Using online engagement, the campaign persuaded millions of people to make phone calls to their neighbours, deliver leaflets at their local mall, and to volunteer at their local campaign office. Engaging them online to ensure they advocate offline.

In the civic and non-profit worlds, it is to empower supporters to take action and have them advocate on behalf of your cause. In business, it is to reach consumers and persuade them that your product or service suits them and will add to their enjoyment of life.

Online engagement cannot replace that intimate and personal quality that is inherent in any good relationship - it simply improves it. Do not make the mistake of letting a computer screen come between you and your community. Online engagement is not an end, but instead should function as a means to engage and encourage people in a community to take meaningful action that drives tangible results.

Meine Notizen und Ideen zum Thema:

_____

_____

_____

_____

_____

_____

_____

_____

_____

_____

_____

_____

_____

_____

_____

_____

„Dialog basiert auf Vertrauen und Glaubwürdigkeit"

Interview von Kerstin Plehwe, Vorsitzende der Initiative ProDialog, mit Prof. Dr. Dr. Helmut Schneider, Steinbeis-Hochschule Berlin, School of Management and Innovation, SVI-Stiftungslehrstuhl für Marketing und Dialogmarketing

Kerstin Plehwe: Dialogorientierte Kommunikation auf Augenhöhe mit Konsumenten, Wählern, Mitgliedern oder Spendern scheint zunehmend an Bedeutung zu gewinnen. Wie beurteilen Sie als Dialog-Experte diese Entwicklung?

Prof. Dr. Dr. Helmut Schneider: In der Tat haben in den letzten Jahren dialogische Kommunikationsinstrumente sowohl im Profit- als auch im Nonprofit-Sektor einen deutlichen Bedeutungszuwachs erfahren. Als Wissenschaftler sehe ich es nicht als meine Aufgabe an, diese Entwicklung im Sinne von gut oder schlecht zu beurteilen. Letztlich sind Entscheidungen über die Allokation von Kommunikationsbudgets Ergebnis von mehr oder weniger heuristischen Abwägungen hinsichtlich Effektivität und Effizienz unterschiedlicher Kommunikationsinstrumente. Offenbar gelangen dabei immer mehr Entscheider zu der Überzeugung, dass dialogisch ausgeprägte Kommunikationsinstrumente gegenüber anderen Kommunikationsformen – insbesondere der klassischen Werbung – Vorteile aufweisen. Dieser Trend hat vielfältige Ursachen, auf die wir aber sicher noch zu sprechen kommen.

K.P.: Lassen Sie mich hier gleich einhaken. Warum wird Dialogkommunikation immer wichtiger in unserer heutigen Zeit?

H.S.: Zum einen müssen Absender zunehmend um die knappe Aufmerksamkeit der Empfänger ringen. Unternehmen und Organisationen versuchen sich hierbei durch den Dialog in der überfrachteten Kommunikationslandschaft von der Informationsflut abzusetzen. Gleichzeitig eröffnen sich durch neue Informations- und Kommunikationstechnologien Dialogkommunikationskanäle, die eine individualisierte Ansprache – unabhängig von Zeit und Ort – ermöglichen. So lassen sich differenzierte Zielgruppen auf mehreren Kommunikationswegen erreichen, die gleichzeitig eine Rückkoppelungsmöglichkeit implizieren. Auf der anderen Seite individualisieren sich die Zielgruppen nicht nur, sie fordern auch zunehmend Mitspracherechte hinsichtlich ausgewählter Thematiken. Diesem Beteiligungspostulat können klassische Kommunikationsformen kaum gerecht werden.

K.P.: In welchen Bereichen lassen sich Dialogstrategien besonders gut und effektiv einsetzen?

H.S.: Dialogstrategien können grundsätzlich in allen Bereichen effektiv sein, wobei diese Aussage natürlich nur gilt, wenn die essenziellen Grundprinzipien der Dialogkommunikation eingehalten werden. Da der Dialog auf Vertrauen und Glaubwürdigkeit der Kommunikationspartner basiert, scheint sich zunächst der Nonprofit-Sektor als besonders geeigneter Bereich erfolgreicher Dialogstrategien hervorzuheben. Doch auch und insbesondere im wirtschaftlichen Sektor sollte versucht werden, die Grundprinzipien des Dialoges in die grundsätzlichen Kommunikationswerte zu integrieren. Somit lässt sich zusammenfassend sagen, dass die Dialogkommunikation in durch steigenden Wettbewerb gekennzeichneten Märkten in allen Bereichen erfolgversprechend sein kann, um Konsumenten zu gewinnen, Wähler zu erreichen und monetäre sowie auch immaterielle Unterstützung zu initialisieren.

K.P.: Was macht guten Dialog aus? Gibt es Grundsätze für gelungene Dialogkommunikation?

H.S.: Es gibt eine Legion von Grundsätzen, über die nicht nur Lehrbücher, sondern ganze Dissertationen geschrieben wurden und werden. Diese hier aufzuzählen, würde den Rahmen des Interviews sprengen. Somit möchte ich an dieser Stelle den Fakt aufgreifen, dass der Impuls der dialogischen Kommunikation in der durch neue Kommunikationstechnologien und -lösungen geprägten Gesellschaft zunehmend von den Rezipienten ausgeht. Unternehmen, Parteien und Organisationen sollten sich auf die potenzielle Kommunikationsbereitschaft und das steigende Informationsinteresse einstellen und mit gezielten Strategien dem Informationsbedürfnis der Wissensgesellschaft nachkommen.

Nur so erhalten sie Zugang zu den durch Konsumenten geprägten Communities, deren Mitglieder an Meinungseinfluss gewonnen haben und mit großer Wahrscheinlichkeit auch noch weiterhin gewinnen werden. Gerade in diesem Zielgruppensegment werden durchdachte und zielgruppennahe Dialogstrategien durch ein hohes Involvement von den digitalen Communities gewürdigt, welches als eine Art „Erfolgskriterium" gesehen werden kann. Die dialogische Offenheit und Aufrichtigkeit scheint mir daher ein Grundsatz für eine gelungene Dialogkommunikation zu sein.

K.P.: Dialogstrategien scheinen viele neue Chancen für die Kommunikation in Politik, Wirtschaft und Zivilgesellschaft zu bieten. Gibt es aber auch Risiken? Was muss man beachten, wenn man Dialoge eingehen und führen möchte?

H.S.: Dialogstrategien fördern die Interaktion zwischen Anbieter und Nachfrager und bieten somit die Möglichkeit, auf die Informations- und Interaktionsbedürfnisse der einzelnen Rezipienten einzugehen. Jedoch steigen durch die Förderung der Interaktion die Anforderungen an die Kommunikation, da im Gegensatz zur Massenkommunikation eine unter Umständen vom Nachfrager initiierte individuelle Kommunikation weniger planbar ist. Wesentliche Herausforderung hierbei ist, die kulturelle, organisatorische und technische Dialogfähigkeit sicherzustellen.

Wichtig ist, die Dialogorientierung in den Werten und Normen zu verankern, um die Dialogbereitschaft im Rahmen der Unternehmenskultur zu gewährleisten. Der Abbau von Informationsasymmetrien zwischen Anbieter und Nachfrager erfordert einen Dialog auf Augenhöhe. Hierzu ist es förderlich, dass die Unternehmensführung sich der Bedeutung der Dialogstrategien bewusst ist, um die Dialogbereitschaft auf normativer Ebene abzusichern.

Ferner ist zu beachten, dass ausreichende Dialogressourcen bereitgestellt werden. Zum einen sind ausreichende Kapazitäten aufzubauen, um eine quantitative Überlastung durch die Menge an Dialogen, die durch die Rezipienten an den Anbieter herangetragen werden, zu verhindern bzw. abzumindern. Zum anderen ist die Dialogkompetenz - insbesondere die Sozialkompetenz der Mitarbeiter - an allen Stellen, an denen die Nachfrager mit dem Anbieter in Dialog treten, zu gewährleisten, um einer qualitativen Überforderung entgegen zu wirken.

Weiterhin müssen die technischen Vorraussetzungen für den Dialog mit den Nachfragern erfüllt sein. Hierbei ist die technische Anschlussfähigkeit der Rezipienten zu berücksichtigen. Daher sollten die von den Rezipienten bevorzugten Kanäle angeboten werden. Häufig ist es notwendig, hierfür verschiedene Kanäle bereitzustellen. Dies ist mit erhöhter Komplexität und Kosten sowie den daraus folgenden Auswirkungen für die organisatorische Dialogfähigkeit verbunden. Beispielsweise wird auf eine E-Mail eine schnellere Reaktion erwartet und erfordert daher unter Umständen eine Anpassung der Dialogressourcen. Zusammenfassend besteht für die Anbieter ein erhebliches Risiko darin, kulturell, organisatorisch oder technisch nicht dialogfähig zu sein.

K.P.: Grundsätzlich stehen die vier Kanäle des Dialogs bereit: Brief, Telefon/SMS, persönliches Gespräch und Internet. Dominiert in Deutschland ein bestimmter Dialogkanal?

H.S.: Werbesendungen und somit das Medium Brief sind weiterhin das ausgabenstärkste Medium mit knapp 50 Prozent der Gesamtaufwendungen im Vergleich zu Onlinemedien (33 Prozent) und Telefonmarketing (17 Prozent). Während die Nutzerzahlen bei den Dialogmedien Werbesendung konstant bzw. bei Telefonmarketing rückläufig sind, sind bei Onlinemedien Zuwächse zu beobachten. Die nutzungsstärkste Medienform ist mit einem Einsatz bei fast zwei Drittel der Unternehmen der eigene Internetauftritt. Jedoch schöpfen nur wenige Unternehmen die Dialogmöglichkeiten per Website aus.

Zu beachten ist, dass das persönliche Gespräch das effektivste Instrument hinsichtlich Verarbeitungstiefe und Glaubwürdigkeit ist und bleibt.

Der Einsatz von persönlichen Gesprächen ist jedoch begrenzt. So erfordert dieser das Zusammenkommen der Dialogpartner zur gleichen Zeit und am gleichen Ort. Dies ist nicht immer möglich. Beispielsweise kann ein Oberbürgermeisterkandidat nicht mit dem Großteil der Wahlberechtigten persönlich reden, zumindest ist das persönliche Gespräch mit einer Zunahme der Kommunikationskomplexität verbunden.

Weiterhin ist neben der Effektivität auch die Effizienz der Kommunikation zu beachten. Da der Einsatz persönlicher Gespräche mit vergleichsweise hohen Kosten verbunden ist, sind häufig andere Kanäle abhängig von der spezifischen Situation geeigneter. Insbesondere kann durch eine gezielte Kombination verschiedener Dialogkanäle eine hohe Kommunikationseffizienz erreicht werden. Wichtig ist also, in der spezifischen Situation ein wirksames Zusammenspiel der Dialogkanäle zu gewährleisten, um einen effektiven und effizienten Dialog zu führen.

K.P.: Sie betonen die Bedeutung des Zusammenspiels aller Dialogkanäle. Wie wichtig ist eine integrierte Kommunikationsstrategie heutzutage?

H.S.: Unternehmen und Nonprofit-Organisationen stehen zunehmend im Kommunikationswettbewerb miteinander. Dieser findet unter verschärften Kommunikationsbedingungen statt. Zum einen gibt es ein steigendes Kommunikationsangebot. Zum anderen ist eine vermehrte Informationsüberlastung - insbesondere durch die Entwicklung hin zu einer Informationsgesellschaft - bei den Nachfragern zu beobachten. Unter diesen erschwerten Bedingungen kann eine Wahrnehmung der eigenen Dialogbemühungen bei Rezipienten nur gelingen, wenn die Bemühungen konzentriert werden und eine schnellere und erleichterte Aufnahme ermöglicht wird. Durch das Zusammenwirken verschiedener Dialogkanäle können kommunikative Synergieeffekte realisiert und die Effektivität gesteigert werden.

Das Zusammenspiel verschiedener Kanäle ermöglicht so bei gleichem Mitteleinsatz eine höhere Kommunikationswirkung als der isolierte Einsatz eines Kanals. Insofern ist das Ganze mehr als die Summe seiner Teile. Der dialogorientierte Auftritt kann verbessert werden und befähigt zu einer kommunikativen Differenzierung gegenüber den Wettbewerbern. Wichtig ist hierbei, die verschiedenen Kanäle in eine Kommunikationsstrategie zu integrieren, um Irritationen bei den Rezipienten zu vermeiden und ein konsistentes Erscheinungsbild zu erzeugen. Gelingt dies nicht, droht ein widersprüchliches und inkonsistentes Erscheinungsbild, welches den Rezipienten in der Wahrnehmung und Verarbeitung des Dialogs stört und zur Ablehnung des Dialogs führen kann.

K.P.: Im Bereich der Dialogkommunikation sind Auswahl und Kenntnis von Zielgruppen wichtig, um lebensnah mit Menschen in Kontakt treten zu können. Hier helfen Methoden der datenbasierten Zielgruppenanalyse (Targeting). Wie beurteilen Sie in diesem Zusammenhang die Entwicklung der Datenschutzgesetzgebung in Deutschland?

H.S.: Der Datenschutz hat durch den Gesetzgeber und die fortführende mediale Berichterstattung eine erhebliche Aufwertung erfahren. Der Dialog ist weitestgehend nur noch zulässig, wenn die Nachfrager hierzu ihr Einverständnis erteilen, also freiwillig in Dialog mit dem Anbieter treten. Jedoch sprechen nicht nur die gesetzlichen Rahmenbedingungen für einen freiwillig geführten Dialog.

Die Dialogfähigkeit stellt eine zentrale Bedingung für wirksamen Dialog dar. Von Seiten der Anbieter wird diese vor allem durch das Angebot von Dialogkanälen, die den Präferenzen der Nachfrager entsprechen, gewährleistet. Für die Dialogfähigkeit der Nachfrager ist entscheidend, dass diese zum Dialog bereit sind. Bedingung hierfür ist die Freiwilligkeit des Dialogs. Folglich ist zu beobachten, dass bei freiwillig geführten Dialogen die Effektivität erheblich ansteigt. Insofern findet sich die sehr wichtige Komponente der Freiwilligkeit auch in der Gesetzgebung wieder.

Ferner wird das Aufdecken von Datenschutzskandalen wie in der Vergangenheit zu folgenschweren Imageproblemen beim Anbieter führen. Daher ist es wichtig, dass die Anbieter transparent in der Dialogkommunikation handeln. Hierbei besteht auch die gesetzliche Pflicht, das Vorgehen von beauftragten Dienstleistern zu kontrollieren. Die Einhaltung des Datenschutzes stellt somit ein wesentliches Qualitätsmerkmal der Dialogkommunikation dar, weil so beim Rezipienten nachhaltig Vertrauen geschaffen wird.

K.P.: Gerne schauen Kommunikationsverantwortliche in die USA, um dort die neuesten Trends der Branche auszumachen. Oft erkennen Sie jedoch, dass viele der innovativen Strategien nicht eins zu eins in Deutschland umgesetzt werden können. Haben Sie denselben Eindruck?

H.S.: Der Wahlkampf Barack Obamas war sicherlich ein besonders gelungenes Beispiel für einen auf Mobilisierung, Partizipation und Dialog fußenden Wahlkampf, der nicht zuletzt auch aufgrund der charismatischen Persönlichkeit des Kandidaten so erfolgreich war. Wollen Nationen in diesem Kontext voneinander lernen, so setzt dies jedoch immer die Einsicht voraus, dass Wahlkampfstrategien nur im Horizont der jeweiligen politischen Kommunikationskultur verstanden werden können. Hierbei bedarf es einer Übersetzungsleistung, d.h. einer Anpassung an die eigenen institutionellen und finanziellen Strukturen sowie die politischen Spezifika des Landes. Ziel ist die Entwicklung eigener Ideen und Profile durch einen gemeinsamen, internationalen Wettbewerb der besten Lösungsmuster. Der grenzübergreifende Vergleich kann in diesem Kontext durchaus fruchtbare Anregungen liefern, leicht macht er den glaubwürdigen Dialog mit Wählern im eigenen Land damit aber noch nicht.

K.P.: Ein wichtiger Baustein des Dialogs ist die Aufforderung zum Involvement des Bürgers, des Kunden oder Mitarbeiters. Man hat mittlerweile das Gefühl, überall zum Mitmachen aufgefordert zu werden – insbesondere in Zeiten des Web 2.0. Besteht die Gefahr der dialogischen Überfrachtung?

H.S.: Bei der Frage nach einer möglichen dialogischen Überfrachtung schimmert meiner Ansicht nach ein veraltetes Paradigma der Dialogkommunikation durch. Rezipienten agieren bereits heute weitgehend autonom und bestimmen selbst, welche Art von Dialog sie eingehen möchten und welche eben nicht. Gleichzeitig gewinnt der selbst initiierte und gesteuerte Kunde-zu-Kunde-Dialog in sozialen Netzwerken zunehmend an Bedeutung.

Vor diesem Hintergrund denke ich nicht, dass es zu einer dialogischen Überfrachtung kommen wird – ganz im Gegenteil: Je stärker die Menschen von ihrer Autonomie im Kommunikationsprozess Gebrauch machen, desto intensiver wird ihre Suche nach glaubwürdigen Informationen, sei es in sozialen Netzwerken oder in von Unternehmen gesteuerten Kommunikationsangeboten. Dialogmarketing heißt in diesem Kontext gerade nicht, Kunden, die nichts von meinem Unternehmen wissen wollen, zum Mitmachen aufzufordern und damit einer dialogischen Überfrachtung Nährboden zu geben.

K.P.: Welche Zukunftstrends können Sie im Bereich der dialogorientierten Kommunikation ausmachen? Wo werden wir in fünf bis zehn Jahren sein?

H.S.: Erfolgsfaktor Nr. 1 im Dialogmarketing war bisher das Targeting. Doch die Rahmenbedingungen des Kommunikationswettbewerbs haben sich in den vergangenen Jahren entscheidend verändert. Die autarke Informationssuche und der Dialog in sozialen Netzwerken ersetzen bereits heute zunehmend den vom Unternehmen oder Nonprofit-Organisationen gesteuerten Informationsfluss. Je stärker die Menschen von ihrer Autonomie Gebrauch machen, desto intensiver wird jedoch auch – wie eingangs bereits erwähnt – die Suche nach passgenauen Informationen. Erfolgreiches Dialogmarketing der Zukunft bedeutet für mich Impulse zu setzen, die die Dialoganfragen der interessierten Rezipienten befriedigen und gleichzeitig als glaubwürdige Informationen in der Community wahrgenommen werden.

K.P.: Herr Prof. Dr. Dr. Schneider, ich danke Ihnen ganz herzlich für das Gespräch.

Meine Notizen und Ideen zum Thema:

II. Best-Practise aus der Wirtschaft

Wir müssten einfach mal miteinander reden – Warum der Dialog keine Revolution braucht

Erik Backes, Wunderman Frankfurt

Die Dialog-Revolution. Das klingt spannend. Nach Aufbegehren, nach Barrikade, nach vergossenem Blut – Herzblut, vermute ich mal -, nach „Werber, hört die Signale". Und am Ende dann nichts mehr so sein, wie es einmal war. Wer sich darauf freut, wird eine herbe Enttäuschung erleben. Es wird keine Revolution geben. Nicht in diesem Jahr, nicht im nächsten, und im übernächsten Jahr auch nicht. Warum das so ist, und warum ich mir da so sicher bin? Ganz einfach: Die Revolution hat bereits stattgefunden, und zwar vor über 50 Jahren. Natürlich gibt es heute ein paar interaktive Medien mehr als früher, aber wir würden das Jahr 2009 auch nicht unter dem Motto „Jetzt neu: Demokratie in Deutschland" labeln, nur weil in einigen Bundesländern mehr als einmal zur Urne gebeten wurde.

Die Revolution ist vorbei – aber was kommt jetzt?

Dialog bedeutet Mitspracherecht, und das nicht erst seit Twitter, Facebook oder amazon.de-Bewertungen. Die so genannte „Consumer Bill of Rights" stammt aus dem Jahr 1958. Sie stammt von Lester Wunderman, der sie formulierte, als er die erste Dialogagentur gründete, damit fortan „nicht das Produkt, sondern der Verbraucher im Mittelpunkt steht." Hinter dieser Aussage steckt eine weitere, damals noch nicht expressis verbis formulierte Forderung: Wer zahlt, bestimmt. Und das ist nicht das werbende Unternehmen, sondern der Verbraucher. Werbebudgets entstehen, weil Verbraucher ein Produkt kaufen. Wie Regierungen haben sich auch Marken in bestimmten Zeitabständen der Wiederwahl zu stellen, und in beiden Fällen entscheidet einzig und allein Volkes Stimme. Aber ist das heute noch revolutionär? Ich maße mir hierzu ein klares Nein an. 1958 war Revolution. 2010 haben wir wichtigere Dinge zu tun.

Zum Beispiel die Zeit, die wir gewinnen, weil die Revolution ja ausfällt, dafür zu nutzen, uns einem brennenden Thema der Gegenwart und Zukunft zuzuwenden. Nämlich: Wie soll das vor 50 Jahren erkämpfte dialogische Grundgesetz konzentriert und konsequent umgesetzt, wie ihm zur Geltung verholfen werden? Und wir müssen natürlich noch die Frage klären, wer die Exekutive übernimmt, nachdem die Legislative ihren Part bereits vor Jahrzehnten abgeliefert hat. Wobei wir uns dabei natürlich über eines im Klaren sein müssen: Die Ergebnisse dieser Arbeit könnten eine Revolution auslösen. Allerdings nicht im Dialog, das hatten wir ja schon, sondern im Marketing.

Wie ich mich zu solch einer These versteigen kann? Beginnen wir mit einer einfachen Geschichte: Ich gehe abends in eine Bar und erblicke am Tresen eine junge Dame, offensichtlich allein. Sie interessiert mich, sie hat was. Ich würde mich deswegen gerne ein bisschen mit ihr unterhalten. Also gehe ich hin, werfe mich in die Brust und schmettere: „Guten Abend, ich heiße Erik Backes und sage Ihnen jetzt drei Gründe, warum Sie mich kennenlernen müssen: Erstens verdiene ich ganz gut, zweitens bin ich intelligent und verfüge über einen sarkastischen Humor, drittens kann ich ganz passabel Gitarre spielen."

Ich werde mein Bier an diesem Abend mit ziemlicher Sicherheit alleine trinken. Das geschieht mir aber auch völlig zu Recht, habe ich doch sämtliche Kardinalfehler der Gesprächsanbahnung begangen: Ungefragt losreden, nur von sich selbst sprechen, Argumente ins Feld führen, obwohl ich mir weder über eine möglicherweise vorhandene materialistische Veranlagung seitens der Dame noch über die Tatsache, ob sie sich für Musik interessiert, zuvor Kenntnis verschafft habe.

Falls Sie jetzt der Meinung sind, dass ja auch kein normaler Mensch so vorgehen würde wie ich, stimme ich Ihnen nur teilweise zu. Es stimmt zwar, dass die Spezies Mensch im Verlauf ihres Bestehens subtilere und intelligentere Methoden der Partnersuche entwickelt hat, aber sobald Marke und Firmenlogo als intervenierende Variablen ins Spiel kommen, umwerben wir das Objekt unserer Begierde – den Verbraucher – viel zu oft in Form archaischer, stereotypischer Rituale, mit einem Balztanz schierer Egomanie, mit einer Kommunikationsform, die den Namen Dialog nicht verdient, weil sie nichts mit Dialog zu tun hat.

Beispiel gefällig? Am 10. November 2009 erhalte ich Post von einem großen deutschen Automobilhersteller. Da darf ich zwar erfahren, dass „die Verbindung von Eleganz und Funktionalität eine neue Dimension erreicht" hat, man weiß sogar, dass ich von diesem Auto „athletisches Design, effiziente Motorisierung und höchsten Komfort erwarte." Äußern darf ich mich dazu aber nicht, noch nicht einmal zu der letzt genannten - und überdies falschen - Unterstellung, denn es steht zwar dick und fett „Einladung" auf dem Umschlag, aber: kein Response-Element. Kein Call-to-Action. Keine Händlernennung. Kein Einzelfall.

Die Fortsetzung der Revolution: Sich an Regeln halten

Und damit ist unsere Agenda auch bereits definiert: Wir müssen den Dialog nicht neu erfinden oder neu definieren, nur weil es ein paar mehr interaktive Medien gibt als 1958, sondern wir müssen alle interaktiven Medien, die gewohnten und die neu hinzu gekommenen, mit Dialogmaßnahmen beschicken, die diesen Namen auch verdienen. Wir müssen uns von dem Irrglauben lösen, dass Kommunikation zwischen institutionellen Einrichtungen - seien es Marken, Parteien oder sonstige Körperschaften - und Menschen eigene Regeln hat. Hat sie nicht. Es gibt keinen Unterschied. Ein Gespräch ist ein Gespräch. Der Dialog zwischen Marke und Konsument folgt den gleichen Gesetzen wie zwischenmenschliche Kommunikation.

Und um ein gutes Gespräch zu führen, genügt die Beachtung einiger weniger Regeln:

1. Man stellt sich nicht irgendwo dazu und redet los, sondern wartet, bis man dazu eingeladen wird. Diese Zeit nutzt man zum Sammeln von

Informationen über das Gegenüber – zuhören, um im richtigen Moment das Richtige zu sagen.

2. Die Wahl des Kanals und der Umfang der Botschaft ist situativ, nicht vorbestimmt. Sie unterwirft sich dem Wunsch der Zielgruppe, darf aber auch gerne mal dem Gesetz der Effizienz folgen.

3. Um zum Reden aufgefordert zu werden, muss man den Eindruck erwecken, etwas Substanzielles beitragen zu können. Wenn das Gegenüber neugierig genug auf meine Meinung ist, äußere ich sie.

Ich gebe zu: Das klingt nach einer sehr opportunistischen Form des Gespräches. Dafür gibt es allerdings auch einen triftigen Grund, nämlich den einzigen Punkt, in dem sich Dialog zwischen Marke und Mensch vom zwischenmenschlichen Gespräch unterscheidet: Marken und ihre Agenturen verfolgen immer eindeutige Ziele und Absichten. Wir wollen nie „nur reden." Wir wollen mehr. Unser Gespräch ist niemals Selbstzweck, sondern immer Mittel zum Zweck. Umso wichtiger ist aber gerade deswegen, dass wir die wichtigsten Prinzipien eines Gesprächs beherzigen. Dass wir lernen – oder uns wieder darauf besinnen – wie man miteinander redet. Dass wir realisieren, dass es aus dem Wald genauso herausschallt, wie man hinein gerufen hat. Und das ist gar nicht so schwer. In der Regel genügt es, künftig im Vorfeld des Dialoges einige Weichen anders zu stellen.

Was sage ich und wem sage ich es?

Wer seriösen Dialog betreiben will, ist gut beraten, sich als Nummer Zwei zu begreifen. Die Nummer Eins ist der Konsument. Deswegen geht bei guter Dialogkommunikation der ursprüngliche Anstoß niemals vom Unternehmen aus, sondern ist bereits eine Antwort auf bestehende Einlassungen des Verbrauchers. Heißt im Klartext: Das Briefing schreibt nicht die Produktabteilung. Die Marketingabteilung auch nicht. Die Agentur erst Recht nicht. Das Briefing schreibt die Zielgruppe.

Erik Backes

Kanal und Umfang der Botschaft

Begründet in dem Irrglauben, Dialog sei die Fortsetzung der Klassik mit anderen Mitteln, beginnt das „klassische Dialogbriefing" (sic!) für Agenturen erfahrungsgemäß meist mit den Worten „Entwickeln Sie ein Mailing, eine integrierte Kampagne, einen Webauftritt für ...".

„Schreiben Sie 100.000 Menschen an, weil wir 1.000 Autos verkaufen wollen." Das ist unlogisch, weil es die Idee des Dialogs „verklassikt": Ein Medium für alle. One-Shot-Denke. Selbstreduktion auf 1-Prozent-Conversion Rate. Und erweckt den Eindruck, das Kerngeschäft der meisten Unternehmen bestehe im Versand von Mailings, E-Mails oder SMS. Und nicht im Abverkauf von Autos, Computern oder Waschmittel.

„Wir wollen 1.000 Autos verkaufen. Welche Dialogmaßnahmen schlagen Sie vor, um das möglichst kosteneffizient zu realisieren?" So kommen wir der Sache – des guten Dialogs – schon näher. Wer ein klares Ziel vor Augen hat, arbeitet effizienter, schneller, zielorientierter eben. Und ja, das bedeutet in letzter Konsequenz, sich hin und wieder zurückzunehmen, zu reduzieren, den Mut aufzubringen, bestimmte Botschaften von den Menschen fernzuhalten und bestimmte Menschen von den Botschaften auszuklammern.

Neugierig machen

Dialogkommunikation ist unhöflich. Sie drängt sich dem Verbraucher auf, sie dringt in seine Privatsphäre ein, ohne dass sie darum gebeten wurde. Wer nach einer dreitägigen Dienstreise abends um halb neun nach Hause kommt, freut sich auf seine Familie, möchte wissen, wie es der Frau geht, wie die Lateinarbeit von Tochter 1 benotet wurde und ob Tochter 2 noch denselben Freund hat. Das ist die Situation, in der werbende Unternehmen aufstehen und sagen: „Interessiere dich für mich. Beschäftige dich zuerst mit mir." Um dieses Ziel zu erreichen, gibt es nur einen einzigen Weg: die Neugierde. Der brennende Wunsch eines potenziellen Käufers, sich dieses Mailing, diese E-Mail, diese SMS jetzt doch noch anzuschauen. Geweckt wird sie durch Kreation, durch Ideen, die übrigens einen sehr netten Nebeneffekt haben: Man gönnt seinem Kunden damit auch das schöne Gefühl, ein Produkt gerne zu kaufen.

Kampagnen, über die geredet wurde

Praxis 1: Markteinführung Jaguar XF –
Wenn das Briefing vom Verbraucher kommt

Als Jaguar vor zwei Jahren der gespannten Öffentlichkeit den neuen XF erstmals präsentierte, war der Markt gelinde gesagt von Skepsis geprägt. Das sollte ein Jaguar sein? Wo ist denn hier das Retro-Design? Wo die neu interpretierten, sanft gelifteten Formen der 60er Jahre? We're not amused ... Hoppla? Hatte Jaguar da etwa ein Produkt an der Zielgruppe vorbei entwickelt? Ja. Nein. Vielleicht.

Tatsache war, dass zumindest ein Teil der bestehenden Jaguar Klientel erstmal mehr als heftig geschluckt hat. Tatsache war aber auch, dass die Marke das Fischen in immer demselben Designteich nicht überlebt hätte – es musste sich etwas ändern, so das Resultat von Marktstudien. Tatsache war letztlich, dass die endgültige Beantwortung dieser Frage davon abhing, ob sich das Fahrzeug am Markt durchsetzen würde. Eine Dialogaufgabe, denn Jaguar wollte, zumindest in Deutschland, 300 Autos zeitgleich zum offiziellen Launch – und damit vor Schaltung der klassischen Kampagne – absetzen, um möglichst früh über eine gewisse visuelle Präsenz auf den Straßen zu verfügen.

Die Lösung einer solchen Aufgabe ist ganz einfach: Man muss ja nur die Menschen, die sich für das Auto interessieren, zur Probefahrt bewegen. Angucken, anfassen, Popometer-Test – der Rest passiert von allein, vor allem bei einer Fahrmaschine wie dem XF. Der einzige winzige Haken an der Sache war die oben beschriebene recht kontroverse Aufnahme des neuen Jaguar-Designs, die noch dadurch verstärkt wurde, dass das Fahrzeug auf Fotos sehr viel von seiner Dynamik und Ausstrahlung, sogar von seinen wahren Dimensionen verliert.

In dieser Konstellation eröffnen sich Kunde und Agentur zwei Möglichkeiten: Man kann versuchen, den Vorurteilen und Berührungsängsten durch Kommunikation entgegen zu wirken. „Atemberaubendes Design", „faszinierende Dynamik", „sportliche Ausstrahlung" sind dann so die gängigen Formulierungen, auf die man als Texter zurück greift. Oder aber man macht es anders. Nutzt die Vorurteile, lässt sich bewusst auf sie ein, schürt sie sogar. Die Entscheidung fiel zu Gunsten der zweiten Variante. Der Verbraucher erhielt seine eigenen Antworten, seine eigene Meinung, verziert mit einem Jaguar-Logo.

In einschlägigen Foren wurde gezielt nach Anmerkungen und Kritik zum Jaguar XF gesucht – gefunden wurden Statements wie „sieht komisch aus", „gefällt mir nicht", „was soll das?". Eine sorgfältig ausgewählte Zielgruppe erhielt dann einen Kontaktbogen mit den ersten offiziellen Fotos des XF – Exterieur, Interieur, alles, was zu einem typischen Auto-Shooting eben dazu gehört. Und zu jedem Bild gab es einen Kommentar des Geschäftsführers von Jaguar, handschriftlich: „sieht komisch aus", „gefällt mir nicht", „was soll das?", mündend in dem Fazit: „Lieber Fotograf, da müssen Sie aber nochmal ran, und bitte beim nächsten Mal der Realität besser gerecht werden." Die Bitte an den Leser lautete: „Glauben Sie nicht, was Sie da sehen. Machen Sie sich lieber Ihr eigenes Bild."

So etwas macht natürlich extrem neugierig, setzt den Empfänger aber auch ein bisschen unter Druck. Was ist denn jetzt mit diesem Auto? Wie sieht der denn jetzt wirklich aus? Können Bilder so täuschen? Will ich weiter mitreden können? Der Zuspruch war enorm. Die Testfahrt-Anforderungen ebenfalls. Und die Zielvorgabe wurde weit übertroffen. Es waren mehr als die geforderten 300 Autos, die auf deutschen Straßen zu sehen waren, als die klassische Kommunikation anlief.

Praxis 2: Lufthansa eFly-Services –
Das Produkt ist das Medium ist die Botschaft

Der GAU für eine Agentur: Eine virtuelle Dienstleistung, bei der der Konsument mehr Zeit für sich selbst gewinnt, weil künftig etwas wegfällt, soll packend und schnell kommuniziert werden. Die Lufthansa eFly-Ser vices sind genau so ein Thema. Der Check-in wird erheblich vereinfacht und verkürzt, wenn der Passagier auf Papierticket und Bordkarte verzichtet und stattdessen alles per Handy erledigt, papierlos fliegt, sozusagen. Das Ganze ist in der Anwendung übrigens extrem einfach – aber natürlich muss man einmal gesehen haben, wie es funktioniert.

eFly-Services der Lufthansa – Papierloses Mailing

Eine erste Entscheidung wurde daher recht schnell gefällt: Wir müssen den Service nicht nur vorstellen, sondern erklären, zeigen. Das geht am besten mittels bewegten Bildern, vulgo Film. Kanal Internet, denn das eröffnet die Möglichkeit, interaktive Elemente einzubauen, dem Konsumenten die Gelegenheit zu geben, ganz nach Belieben zu stoppen, zu zoomen, Perspektiven zu wechseln, Texte ein- und wieder auszublenden. Ein echter Dialogfilm also, in dem der Zuschauer Tempo, Handlung, Erzähltiefe vorgibt und dadurch den Service wirklich erlebt. Dass eine kreative Idee und eine attraktive Umsetzung dabei helfen können, steht außer Frage – hier waren es Anleihen aus Hollywood. Was inhaltlich nicht mehr und nicht weniger ist als ein Produktfilm, wird verpackt und umgesetzt wie ein Kinotrailer, durchsetzt mit visuellen, dramaturgischen und akustischen Zitaten von Thomas Crown bis Quentin Tarantino.

Kommen wir zur zweiten Entscheidung: Wie bekomme ich die Zielgruppe dazu, sich diesen Film auch anzuschauen? Wie kondensiere ich meine Botschaft so, dass sie spannend bleibt, relevant ist, aber nicht so viel verrät, dass man sich das Thema möglicherweise nicht mehr erklären lassen mag? Und damit das Produkt am Ende auch nicht nutzt. Hier war dann nur noch eines gefordert: Mut. Der Mut, bestimmte Zielgruppen von der Kommunikation auszuschließen. Der Mut, im ersten Kommunikationsschritt nicht zu sagen, was man zu sagen hätte, sondern nur soviel, wie nötig war, um Neugierde zu entfachen. Der Mut schließlich, sich mit seiner Kommunikation direkt unter die Zielgruppe zu mischen und sich so einer unkontrollierbaren Diskussion auszusetzen.

Es gibt zu eFly keine Broschüre. Es gibt genau genommen überhaupt nichts Gedrucktes. Wer nicht über ein elektronisches Endgerät verfügt, sei es Computer oder Handy, hat keinen Zugang zur Kommunikation. Braucht er aber auch nicht, denn er könnte den Service dann sowieso nicht nutzen. Und wer einen Computer hat, aber trotzdem lieber Papier in Händen hält, wird sich auch mit eFly nicht anfreunden können. So etwas muss man einfach auch mal akzeptieren.

Mit dieser Grundsatzentscheidung war die Agentur frei gespielt für die kreative Idee der Rahmenkommunikation: Eine papierlose Kampagne, die nur zwei Sachen kommuniziert – Thema und URL. Der komplette Text der gesamten Kampagne lautet: „Papierlos fliegen? Lufthansa/efly.com". Ein transparentes Mailing ohne Inhalt. 18/1-Plakate, gestrippt bis auf die nackte Fläche und mit Klebebuchstaben versehen. Projektionen an Locations, an denen sich unsere Zielgruppe aufhält und wo Zeit (und Gerät) vorhanden sind, der Sache sofort mal auf den Grund zu gehen, um Sinn und Zweck der neuen Services mit dem Tisch- oder Tresennachbarn genüsslich zu zerpflücken – oder auch nicht.

Mut wird im Dialogmarketing in der Regel belohnt. Der Einsatz der Mittel war eher gering (ein papierloses Mailing ist nämlich auch günstiger als eines mit Broschüre, Anschreiben und fünf unterschiedlichen Response-Elementen). Das Ergebnis war überwältigend: Insgesamt besuchten 800.000 Menschen innerhalb von 3 Monaten die Website. Absoluter Höhepunkt waren 40.000 Klicks innerhalb einer Stunde am Tag nach dem Mailing-Versand (Auflage 100.000). Mit 30.000 „papierlosen" Passagieren pro Monat lag der Wert schon zwei Monate nach Start der Kampagne doppelt so hoch wie ursprünglich von Lufthansa erhofft. Im Sommer waren es bereits 80.000 pro Monat. Ohne jegliche weitere Kommunikation – wahrscheinlich, weil wir zu Beginn die richtigen Menschen richtig angesprochen und diese es innerhalb ihres Bekanntenkreises weitergegeben haben. Einen Dialog in Gang setzen, nennt man das.

Praxis 3: Lufthansa Bestandskundenaktivierung –
spielerisch kommunizieren

Wer viel reist, kennt eine Menge Orte auf der Welt. Unterstellung: Früher haben wir unsere Reisen gerne mit Fähnchen auf Weltkarten dokumentiert. Oder hätten es zumindest gerne, wenn wir gedurft hätten. Hier war ich schon, da auch, und dort natürlich. Wer viel reist, hat aber auch das Potenzial, noch mehr zu reisen. Das ist keine Unterstellung, sondern Fakt. Empirisch bewiesen durch die Steigerungsmöglichkeiten bei den unterschiedlichen Teilnehmern des Miles & More Programms der Lufthansa: Ein „Senator" hat tatsächlich noch mehr Luft nach oben als ein „Frequent Traveller". Aus der erst genannten Unterstellung und dem zweit genannten Fakt entstand eine der erfolgreichsten Abverkaufsaktionen von Lufthansa, die Verzahnung von dem, was Passagiere bewegt mit dem, wer sie bewegt.

Lufthansa führt Jahr für Jahr so genannte Zielkundenaktionen mit Miles & More Teilnehmern durch. Das bedeutet, dass ein selektierter Personenkreis ein Angebot erhält, das mit den in der Datenbank erfassten Flügen identisch ist – inklusive einer leichten Steigerung der Frequenz. So erfolgreich diese Aktionen auch sind, sie haben einen ganz entscheidenden Haken: Wir fischen immer im selben Teich. Denn eine große Anzahl von Miles & More Teilnehmern fliegt auch mit anderen Airlines und nutzt deren Vielflieger-Programme. Welche Programme und welche Airlines wissen wir nicht. Wohin sie mit dem Wettbewerb fliegen, wissen wir auch nicht. Wir wissen noch nicht einmal, wer von den Programmteilnehmern auch bei anderen Fluglinien als treuer Kunde gilt. An den letzten beiden Punkten haben wir per Dialog etwas geändert.

Erik Backes

Die Idee ist schnell erzählt: Es war ein spielerischer Ansatz, bei dem die Adressaten ihre eigene Weltkarte erstellen können. Eingeladen wurden sie dazu via E-Mail, wie zu einer der gewöhnlichen Zielkundenaktionen. Wer sich anmeldete, wurde automatisch ins Web geführt und hatte dort die Möglichkeit, seine bisher angeflogenen Ziele zu markieren und sich so seine eigene, ganz persönliche Weltkarte anschließend herunter zu laden. Die so gewonnen Daten wurden mit der Datenbank verglichen – und dadurch die Möglichkeit geschaffen, für Ziele, die die Teilnehmer ganz offensichtlich mit Wettbewerbs-Airlines angeflogen haben, ein weiteres spezielles Angebot zu offerieren.

Mustermanns Welt – Interaktive Weltkarte für Vielflieger

Vielleicht an dieser Stelle einmal ein paar Zahlen. Als Ausgleich zu dem spielerischen Ansatz, sozusagen. 67 Prozent der Adressaten meldeten sich an und erstellten ihre Weltkarte; 27 Prozent davon erreichten das im ersten Schritt gesteckte Ziel. Bei 43 Prozent der Angemeldeten wiesen die Karten signifikante Unterschiede zum uns bekannten Flugverhalten auf. Diese erhielten das erwähnte zweite Angebot – 54 Prozent flogen daraufhin mindestens einmal mit Lufthansa zu einem der bisher mit dem Wettbewerb angeflogenen Ziele.

Dieser Fall ist ein Paradebeispiel dafür, was Dialog bedeutet, und was er leisten kann: Eine Idee, die Zielgruppen über ihre Interessen abholt, die das Abverkaufen zwar nicht verschweigt, aber es auch nicht in den Vordergrund stellt; eine Idee, die Spaß macht und deswegen dazu führt, dass man sich auf sie einlässt; eine Idee, die es gleichzeitig aber auch jedem Einzelnen ermöglicht, nach freiem Willen „Ja" oder „Nein" zu sagen. Kurz: die ideale Mischung aus Kreativität und harten Fakten. Eine solche Idee ist für den Auftraggeber bares Geld wert.

Dialog: Einfach miteinander reden

Ich mag keine Fazits. Deswegen zum Schluss statt einer Conclusio lieber ein Appell an alle, die auf Kundenseite über Ideen und ihre Umsetzung entscheiden.

Erstens: Dialog bedeutet wirklich nichts anderes, als miteinander zu reden. Marken mit Konsumenten, Verbraucher mit Verbrauchern über Produkte, aber auch Werbung treibende Unternehmen mit ihren Agenturen. Um es an dieser Stelle einmal ganz deutlich zu sagen: Die Qualität einer Dialogmaßnahme hängt ganz entscheidend davon ab, wie gut der Dialog zwischen Kunde und Agentur ist. Die Praxisbeispiele in diesem Beitrag sind nicht nur Belege für einen guten externen Dialog, sondern das Resultat eines funktionierenden internen.

Zweitens: Wenn Sie eine Dialogidee für Ihr Unternehmen bewerten sollen, dann nehmen Sie sich das betreffende „Stück Dialog", betrachten Sie es und beantworten Sie sich eine Frage, eine einzige nur. Nicht: Würde ich das lesen? Schon gar nicht: Steht alles drin, was ich sagen wollte? Sondern nur eines: Würde ich das hier gerne selbst bekommen, würde ich mich darüber freuen? Wenn Sie sich diese Frage mit Ja beantworten können, und wenn Sie sich ärgern, dass Sie nicht auf der Verteilerliste stehen – dann ist die erste Voraussetzung erfüllt, in einen Dialog mit Ihrem Kunden einzutreten.

Und deswegen brauchen wir wirklich keine Revolution. Nur ein bisschen mehr Konsequenz, vermischt mit dem guten, alten Knigge. Und eine Welt, in der nicht Produkte *beworben*, sondern Konsumenten *umworben* werden. Auf Augenhöhe.

Meine Notizen und Ideen zum Thema:

The Consumer is a Cat!
Warum wir ein neues Verständnis von Zielgruppen brauchen

Ralph Poser, Ogilvy & Mather

Wir haben lange Zeit Konsumenten wie Hunde behandelt. Wir haben versucht, sie durch ständiges Wiederholen einer Botschaft zu trainieren, sie zu konditionieren. Das hat – mit Hilfe von sehr viel Geld – auch lange Zeit funktioniert. Diese Zeiten sind vorbei. Mal abgesehen davon, dass wir uns das nicht mehr leisten können, denn die komplette Abdeckung der vervielfachten Medienkanäle würde jedes Media-Budget sprengen. Der Konsument von heute hat sich um Einiges verändert.

Der Konsument von heute reagiert nicht mehr automatisch, wenn man ihn ruft. Er ist zwar immer noch neugierig, bestimmt aber selbst, wann er sich auf uns einlassen will. Und ob wir seine Zuneigung gewinnen, ist nicht planbar. Er verhält sich eher so, wie wir es von Katzen kennen. Ogilvy hat die veränderte Wesensart heutiger Konsumenten in eine griffige Formel gepackt: The consumer is a cat. Bleibt die Frage: Was steckt hinter dieser Metapher?

Erstens: Der neue Konsument ist autonom

Als sogenannter „empowered consumer" ist der neue Konsument in seinem Konsum-, Medien- und Kommunikationsverhalten autonomer als je zuvor. Und hat mehr Möglichkeiten denn je, sich mit seinesgleichen auszutauschen. Mit Online-Shopping macht er sich nicht nur unabhängig von Ladenöffnungszeiten. Dank der Möglichkeiten, die ihm die Digitalisierung bietet, entscheidet er nun auch allein, wen oder was er wann und wie sehen oder hören will. Aus der „Primetime" hat er eine „My Time" gemacht. Es sind vor allem zwei technologische Trends, die ihn in diese neue Machtposition bringen:

Der erste Trend: Alles wird digital

Online sein heißt für viele Nutzer heute nicht mehr, allein E-Mails zu schreiben oder Internet-Banking zu machen. Im Internet wird Zeitung gelesen, mit Freunden geschwatzt, Urlaubsvideos werden bearbeitet, Hochzeitsalben gestaltet, Reisen geplant oder Hollywoodfilme geschaut. Die Digitalisierung unseres Alltags wird immer selbstverständlicher. Der Effekt: Alles, was digitalisiert werden kann, wird auch digitalisiert. Und alles wird damit digital verfügbar gemacht. Jede Nachricht, jedes Bild, jeder Film – einfach alles.

Stichwort Film: War noch vor Kurzem das sich bewegende Wackel-bild der Inbegriff von Film im Internet, ist heute die Online-Videothek in DVD-Qualität die Normalität. Damit beginnen die Grenzen zwischen klassisch gesendetem Fernsehen und Videos on demand aus dem Internet zu verschwimmen. Wo ist für Kunden der Unterschied? Im Internet bestimmt der Konsument, wann und was er sehen will. Das bedeutet: Die Digitalisierung von Medieninhalten und die damit verbundene ständige Verfügbarkeit hat z.B. die Macht der Tagesschau über unseren Tagesablauf beendet. Spielfilme müssen nicht mehr um 20.15 Uhr anfangen. Der Konsument kann heute selbst bestimmen, wann er Keira Knightley bewundern will.

Der zweite Trend: Alles wird mobil

Nicht nur die Medieninhalte werden digital. Auch die Hardware wird es. Handy, MP3-Player, Laptop, Fotoapparat, ja sogar Autoschlüssel haben heute einen Chip, mit dem sie digitalisierte Informationen empfangen, speichern und weitergeben können. Wir besitzen heute mobile Endgeräte, die es ermöglichen, jede Information jederzeit abrufen und mit jedermann teilen zu können. Das heißt: Nicht nur Daten werden mobil. Auch wir werden es. Wo wir Informationen empfangen, bearbeiten und weiterleiten, ist egal geworden.

Es gibt keine Schranken mehr zwischen dem Zuhause, der Arbeit und dem Unterwegssein. Google und YouTube nur am stationären Monitor? Alles Vergangenheit. Das iPhone und andere WLAN-fähige Handys haben dem Mobile Web zum Durchbruch verholfen. Das Lesen von Nachrichten, eine schnelle Recherche bei Wikipedia – Nutzungen, die vorher PC-gebunden waren, werden aufs Telefon verlagert. Unterwegs sein Social Net zu pflegen, wird der größte Treiber der zunehmenden Mobilisierung werden. Mit dieser neuen Beweglichkeit fallen aber auch alle Zeitschranken weg. Durch das Mobile Net lernen wir, dass wir alle Informationen, die wir wollen, sofort bekommen können. Bandansagen wie „Sie rufen außerhalb unserer Öffnungszeiten an" wirken deshalb wie eine Meldung aus einer sehr fernen Zeit. Die Konsumenten haben sich eine 24-Stunden-Mentalität mit einer 24-Stunden-Erwartungshaltung zugelegt.

Zweitens: Der neue Konsument sucht Authentizität

Im Internet kann man es sehr gut beobachten: Immer mehr Menschen wollen nicht einfach nur Medien konsumieren, sondern Medien auch mitgestalten. Sie wollen ihr Wissen weitergeben und ihre Sicht der Dinge mit Anderen teilen. Immer mehr stimmen ab, fällen Urteile, schreiben Bewertungen. Diese Formen des „Mitmachens" können grundsätzlich in zwei Richtungen unterschieden werden:

- Involvement: Dahinter steckt der Wunsch, zu einer Sache etwas beizutragen. Bestes Beispiel dafür ist Wikipedia. So hat die englische Version ca. 1,5 Millionen, die deutsche schon ca. 824.000 Einträge. Zum Vergleich: Die offiziell redigierte Encyclopedia Britannica Online bringt es nur auf ca. 118.000 Einträge. Das heißt: Egal ob Leser-Reporter in der BILD oder Linux-Programmierer, das Prinzip ist das Gleiche: Es bedient den Wunsch, Teil eines größeren Ganzen zu sein.

- Expression: Dahinter steckt der Wunsch, sich einer breiten Öffentlichkeit zu präsentieren, sein „Ich" mitzuteilen. Beispiele hierfür sind Seiten wie YouTube oder MySpace, die Präsentationsflächen für die eigene Kreativität oder die ganz individuelle Sicht auf die Welt bieten. Und dazu bedarf es nicht einmal mehr besonders umfangreicher EDV-

Kenntnisse. Die Möglichkeiten des „Mitmach-Webs" haben die strenge Trennung aufgehoben zwischen Informationsanbietern (also denjenigen, die Inhalte aktiv erstellen) und Informationsnutzern (jene, die die bereitgestellten Inhalte passiv konsumieren). Das hat natürlich auch Konsequenzen für Marken:

- Dass Konsumenten anderen Konsumenten von ihren Lieblingsmarken erzählen und Produkte weiterempfehlen und damit Markenwahrnehmung und Kaufverhalten beeinflussen, ist nicht neu. Neu ist die Dimension. Durch das Internet hat die „Mund-zu-Mund-Propaganda" durch Konsumenten an Reichweite, Meinungsmacht und Geschwindigkeit gewonnen.

- Dass Konsumenten sich im Netz nicht nur über Produkte und Marken informieren, sondern sie auch in Foren, in Netzwerken oder sogar in eigenen Blogs kommentieren, macht sie quasi zu Mitgestaltern von Markenbotschaften. Und das weitgehend unkontrollierbar durch die Markenverantwortlichen. Der Effekt: Markeninhalte werden demokratisiert. Die Hoheit über den Markeninhalt müssen Markenverantwortliche zukünftig mit Konsumenten teilen.

Im Mittelpunkt dieser Entwicklung stehen - quasi als Protagonisten und Treiber - die sogenannten „Alphas". Mit dem Begriff „Alphas" meinen wir die modernen Meinungsführer in den virtuellen, flexiblen und komplexen Netzwerkstrukturen des Netzes. Ungefähr 1 Prozent aller Konsumenten kann man zu den „Alphas" zählen. Sie publizieren in vielfältiger Form Inhalte und Meinungen im Web und genießen eine hohe Glaubwürdigkeit. Auf ihren Beitrag reagieren ca. weitere 10 Prozenten der Konsumenten, d.h., sie kommentieren, diskutieren oder ergänzen den Beitrag der „Alphas". Diese Interaktion wiederum beeinflusst die restlichen 89 Prozenten der Konsumenten, die diesen Dialog verfolgen.

Die Folge: Das alte Pareto-Modell (20:80) muss neu gedacht werden. Denn diese 1 Prozent gehören nicht automatisch zu den 20 Prozent mit dem größten Kundenwert (nach traditioneller CRM-Währung). Wer es also schafft, diese 1 Prozent – die Alphas – als Partner zu gewinnen, hat das mittlerweile vielleicht stärkste Massenmedium auf seiner Seite. Dazu braucht es aber nicht nur Wissen um die Motivationen und Befindlichkeiten dieser modernen Meinungsführer. Als unerlässliche Voraussetzung gilt die ernsthafte Bereitschaft, sich ohne Marketing-Gehabe mit Konsumenten offen und ehrlich auf Augenhöhe auseinanderzusetzen. Jegliche vermutete Vereinnahmung durch „Werbung" wird abgestraft. Wie heftig die Abwehrreaktionen dieser Alphas ausfallen können, haben verschiedene Fälle in der Vergangenheit immer wieder gezeigt.

Drittens: Der neue Konsument ist misstrauisch

Der Wert „Ehrlichkeit" rangiert in der aktuellen deutschen Werteordnung mit 74 Prozent an oberster Stelle. Wird ein Wert so hoch gewertet, dann bedeutet das im Umkehrschluss, dass die Menschen immer weniger Ehrlichkeit in der Gesellschaft empfinden. Zu spüren bekommen das vor allem die Politiker und die großen Unternehmen. Ihren Botschaften wird immer weniger geglaubt. Das richtet sich auch gegen Marken. So glauben 86 Prozent der Verbraucher, dass die Werbung nicht die Wahrheit sagt.

Besonders misstrauisch ist man gegenüber manipulativen Werbeaussagen, die das Blaue vom Himmel versprechen. Eine Empfehlung aus dem Freundeskreis wirkt da ganz anders. Konsumenten glauben heute Informationen eher, wenn sie sie von einem Bekannten hören. Zur vertrauenswürdigen Quelle zählen daher Konsumenten heute vor allem Freunde. Aber auch wildfremde Menschen, denen sie in der jeweiligen Situation Urteilsvermögen zuschreiben. Ihrer Meinung wird absolute Aufrichtigkeit und damit uneingeschränkte Authentizität unterstellt. Authentizität ist die Grundlage für Glaubwürdigkeit geworden. Dabei zählen vor allem die Meinungen und Urteile von Privatleuten. Die früher von Redaktionen so hochverehrte Objektivität ist kein Maßstab mehr. Im Gegenteil: Subjektivität ist Trumpf. Die subjektive Meinung schlägt objektive Tatsachen. Der Experte bekommt Konkurrenz durch selbstorganisiertes Laienwissen.

So weit, so interessant. Aber zurück zu unserer Ausgangsthese: Im Konsumenten von heute kann man ein Verhalten wie das von Katzen erkennen. Ja, er ist mündiger, organisierter und selbstbestimmter als früher. Das bedeutet jedoch: Er lässt sich nicht mehr durch klassisches Instrumentarium per Penetration mit irgendwelchen Markenbotschaften konditionieren.

Eine inhaltliche Veränderung der Markenkommunikation wird notwendig. Die Zeiten, in denen man in den ersten 10 Sekunden auf der Titelseite bzw. auf dem Umschlag schon die Top-3-Argumente nennen musste, sind vorbei. Der Konsument filtert selbst sein Quantum an Informationen und Werbung. Er entscheidet nach Relevanz, nach Emotionalität, nach Nähe und Vertrautheit. Und so müssen werbliche Angebote konstruiert sein. Sie müssen nicht mehr sofort überzeugen. Im Gegenteil. Sie sollen zur intensiven Auseinandersetzung mit dem eigenen Angebot einladen.

Viertens: Der neue Konsument sucht nach Orientierung

Die Media-Explosion hat auch zu einer Content-Explosion geführt. Die Menge an Informationen einer Wochenausgabe der FAZ zum Beispiel entspricht der Menge, die im 18. Jahrhundert ein Mensch in seinem ganzen Leben verarbeitet hat. Diese enorme Informationsfülle und der damit verbundene Zwang zur Auswahl werden zunehmend als Belastung empfunden. Die Komplexität der Gesellschaft und die zunehmende Geschwindigkeit der Veränderungen verunsichern die Menschen. Der Trend nach Traditionsmarken macht deutlich, dass vor allem junge Menschen Orientierungslosigkeit, das Fehlen von Autoritäten und Vorbildern und eine Sinnkrise der erwachsenen Welt spüren. Soziale Werte wie Familie, Freundschaft und Zusammenhalt gewinnen wieder an Bedeutung. Weil sie dem Einzelnen innerhalb der Gesellschaft Stabilität und das Gefühl von Zugehörigkeit verleihen.

Welche Ansätze für ein zeitgerechtes Zielgruppen-Marketing lassen sich aus diesen vier Grundsätzen heraus entwickeln?

Einladen

Tipp:
Konsumenten wollen animiert werden, sich mit einer Marke ausein-
anderzusetzen.

Beispiel: IKEA – 30 Jahre BILLY

Unter dem Motto „BILLY gibt es 41 Millionen Mal – aber keins ist wie Deins" werden BILLY-Fans auf der Website www.ikea.de/billy-geburts-tag eingeladen, mit einem Foto vom eigenen BILLY Teil der Geburts-tagskampagne zu werden, und damit zu einem Teil von IKEA. Das hochgeladene Foto wird in einem virtuellen Filmstudio vor den Augen des Users „live" in den TV-Spot eingebaut. Diesen Film können sich die User nicht nur auf der Website ansehen, sondern auch in ihr Facebook-Profil einbetten.

Über 1.000 BILLY-Fans haben mitgemacht und wurden Teil des läng-sten „BILLY-Films" aller Zeiten. Denn so funktioniert das IKEA-Prinzip: IKEA tut was. Die Kunden tun was. Und zusammen entsteht etwas Sinn-volles. Selten war eine Kampagne so nah am Produkt und am Marken-versprechen: Hier wird es auch zum Prinzip der Kampagne.

Mitmach-Website der IKEA-Aktion „30 Jahre BILLY"

Erzählen

Tipp:
Geschichten über verschiedene Medien hinweg erzählen, die das Inter-
esse vieler, vor allem aber der Meinungsführer wecken.

Beispiel: Louis Vuitton's „A Journey Beyond"

Unter dem Motto: „Exceptional lives are born of exceptional journeys.
Exceptional journeys need exceptional companions" erzählt Louis Vuitton die Reisegeschichten von außergewöhnlichen Menschen. Ganz persönlich. Mit Höhen und Tiefen, Freuden und Leiden.

In Print und im Netz zeigt und beschreibt Louis Vuitton die emotio-
nalen Erfahrungen, die bekannte Persönlichkeiten auf ihren Wegen rund
um die Welt gemacht haben. Von der Reise der NASA-Astronauten zum
Mond bis hin zu den romantischen Erlebnissen, die Steffi Graf und Andre
Agassi in New York hatten. Ins Bild gesetzt von der renommierten Foto-
grafin Annie Leibovitz, der es perfekt gelingt, genau den persönlichen
Moment einzufangen, der das Reisen bei Michail Gorbatschow oder Keith
Richards speziell machte.

Louis Vuitton „A Journey Beyond" -
Keith Richards teilt einen ganz persönlichen Moment

Spielen

Tipp:
Mit relevanten Überraschungen die Aufmerksamkeit erzeugen, die
Marken heute brauchen, um die selektive Wahrnehmung der Konsu-
menten zu erreichen.

Beispiel: The New Diamond Shreddies

Manches Produkt muss wohl erst 67 Jahre alt werden, um den Mut zu haben, sich auf den Kopf zu stellen und so aus der Todesstarre zu erwachen. Shreddies, das sind Frühstückscerealien in rechteckiger Form und in Nordamerika eine der traditionellsten Frühstücksmarken. Über die Jahre sind die Shreddies allerdings in Vergessenheit geraten und galten als bodenständig und ziemlich langweilig. Fragte man die Kunden, was man ändern sollte, wehrten sie sich gegen jegliche Veränderungen am Produkt, wollten aber trotzdem etwas Neues und Interessantes, um die Marke wieder gesprächsfähig zu machen.

Shreddies – Frühstückcerealien auf den Kopf gestellt

Aus Zufall entstand die wohl billigste Idee für eine Produktinnovation, die es je gegeben hat: Wir drehten die Produktabbildung auf der

Packung einfach um 45 Grad. Dieser „Dreh" bescherte dem Frühstücks-klassiker zweistellige Zuwachsraten und uns wunderbar unterhaltsame Geschichten für eine Kampagne, die mit den überholten Vorstellungen in Sachen „Foodwerbung" gründlich aufräumte. Die Kampagne bestä-tigte lustvoll-subversiv sämtliche Klischees. Shreddies wurden wieder zu einem Gesprächsthema. Inzwischen gibt es auf Google über 288.000 Ein-träge zum Suchbegriff „Diamond Shreddies".

Emotionalisieren

Tipp:
Materielle Treue hält nur so lange, wie es keine emotionale Alterna-tive gibt. Loyalität muss man sich verdienen.

Beispiel: Dove – Initiative für wahre Schönheit

Magersucht war auf den Fidschi-Inseln unbekannt – so lange, bis es zum ersten Mal Fernsehen gab. Jede dritte Frau fühlt sich schlecht, nach-dem sie ein Beauty-Magazin gelesen hat. Schon Mädchen im Alter von 5 bis 12 Jahren haben etwas an ihren Nasen, Haaren, Beinen oder Bäu-chen zu kritisieren. Wer das hört, der ahnt, dass dahinter einiges an emo-tionalem Sprengstoff liegt. Der kommt zutage, wenn man einfach mal Frauen fragt, warum sie sich viel zu oft unglücklich in ihrer Haut fühlen. Aus den Antworten haben wir zwei wesentliche Einsichten gewonnen: Erstens ist Schönheit viel zu lange über enge, einseitige Schönheitsideale definiert worden. Und zweitens: Frauen mögen die gängige Kosmetik-werbung nicht und finden das kommunizierte Frauenbild unglaubwürdig bis lächerlich.

Folgerichtig bricht die Kampagne „Wahre Schönheit" mit den Normen einer Produktkategorie und stellt – geradezu revolutionär für eine Beau-tymarke – das Schönheitsideal westlicher Kulturen zur Disposition, indem superdünne Models durch attraktive Frauen ersetzt werden, die ordent-lich Bauch-Beine-Po, Narben, Sommersprossen und jede Menge Aus-strahlung haben. Die Dove-Werbung für hautstraffende Körperpflege schreibt den Frauen nicht vor, wie sie aussehen sollen, sondern bestätigt ihren Wunsch, so akzeptiert zu werden, wie sie sind. Statt die Frauen durch Demoralisierung zum Kauf bestimmter Beauty-Produkte zu bewegen, stärkt Dove ihr Selbstbewusstsein und zeigt, dass wahre Schönheit nicht von Maßen abhängig ist.

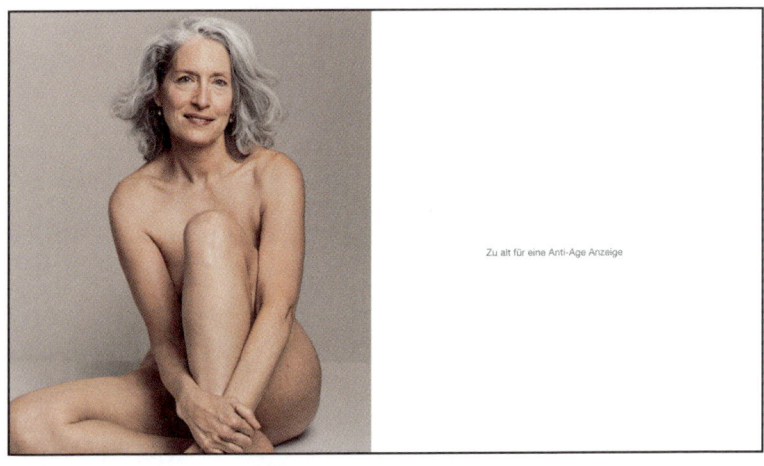

Zu alt für eine Anti-Age Anzeige

Dove – Schönheit kennt kein Alter

Das wirkte wie ein Befreiungsschlag. Die Kampagne hat nicht nur alle erdenklichen Preise gewonnen, die Abverkäufe wurden zeitweise um über 300 Prozent gesteigert. Sie hat damit etwas erreicht, dass es nur ganz selten gibt: Sie hat weltweit Frauen auf eine authentische Art überzeugt. „Es wurde Zeit, dass endlich mal jemand Schluss macht mit dem irren gängigen Schönheitsideal und zeigt, wie schöne Frauen wirklich aussehen. Danke" (Zitat einer Dove-Verwenderin).

Meine Notizen und Ideen zum Thema:

WOM mit Waldi –
Wie Word of Mouth ohne Internet funktioniert

Kai Löhde, argonauten G2

Als ich im letzten Herbst eine Wochenend-Jogging-Runde lief, traf ich auf eine Hundeschule, die in paramilitärischer Ordnung in einer Reihe angetreten war. Die preußisch paradierenden Promenadenmischungen und Rassenhunde flüchtig musternd, blieb mein Blick an einem Basset hängen, der sich durch ein knallgelbes Halstuch vom Rest der Vierbeiner ausnahm. „Caspar" las ich zu meiner Freude in roten Lettern auf dem Tuch, und dann hatte ich die Schule auch schon passiert.

Etwa sechs Wochen später wurde ich zum gleichen Anlass wieder dieser paradierenden Pennäler auf vier Pfoten ansichtig. Dieses Mal aber trugen bereits fünf der etwa 15 Hunde das knallgelbe Halstuch und die dazugehörigen Frauchen standen eng gruppiert beieinander und schienen in intensive Gespräche verwickelt zu sein. Caspars Freunde hießen weithin erkennbar Rex, Minnie, Ben und Meier. Meine Freude darüber war nun noch größer. Freude nicht etwa über den kreativen Namen „Meier" für einen Hund, sondern Freude darüber, dass unsere kreative Idee für Pedigree GelenkAktiv zumindest in diesem kleinen, aber pädagogisch wertvollen Kreise, gearbeitet hatte. Ein Konzept, dass sich zwecks automatischer Ausbreitung an die relevante Zielgruppe der Instrumente des Empfehlungsmarketings bediente – neudeutsch: „Word auf Mouth", kurz: WOM.

„Kannst Du mir etwas empfehlen?"

Diese Frage an einen Freund gerichtet, impliziert nicht nur den Wunsch nach Orientierung, sondern auch die Annahme, der Adressat der Frage verfüge zum einen über die notwendige Kenntnis der betreffenden Materie. Zum anderen aber geht der Fragende davon aus, dass dieser Freund auch willens ist, eine Empfehlung abzugeben.

Ist die Empfehlung ausgesprochen, übt sie eine weit stärkere Kraft auf die Kaufentscheidung eines Konsumenten aus, als es ein TV-Spot oder ein einfaches Mailing vermögen. Kein Wunder, dass jeder Markenartikler froh wäre, wenn er in dieses Set der Empfehlungen gelangte, weshalb sich viele Werbetreibende und Werbeagenturen auf die Urform der kommerziellen Kommunikation zurückbesinnen.

Insbesondere das Internet scheint dem Trend zu WOM-Kampagnen Vorschub zu leisten. Allenthalben treffen wir auf Online-Plattformen, auf denen sich Power-Muttis und Alpha-Tekkies positiv über Produkte austauschen sollen. Kaum ein Tag, an dem wir nicht einen gut gemeinten Link zu einem lustigen Filmchen erhalten und dabei schnell selber zum kalkulierten Überträger eines vermeintlichen WOM-Konzepts werden. Vermeintlich deshalb, weil es bei „Word of Mouth" weniger auf die hohe Reichweite durch schnelle Viralspots, sondern eher auf die besondere Kontaktqualität durch Authentizität und Intensität ankommt.

Kein Zweifel, die Rückkanalfähigkeit der digitalen Medien macht es leichter, WOM-Kampagnen wirksam auf den Weg zu bringen. Aber braucht man dazu zwingend das Internet? Unser Fallbeispiel Pedigree GelenkAktiv beweist, dass auch „Word of Mouth" durchaus auch offline funktioniert.

Pedigree GelenkAktiv

Im konkreten Fall sollte der neue Hundesnack Pedigree GelenkAktiv als 6-Wochen-Kur mit Hilfe eines Mailings an Adressen aus der kundeneigenen Datenbank verkauft werden. Neben den wirtschaftlichen Zielen

---

sollten auch neue Kunden außerhalb der Datenbank gewonnen werden. Dabei galt es nicht nur, die Adresse von interessierten neuen Hundehaltern zu bekommen, sondern auch die Namen ihrer Hunde.

Um zunächst die einstufigen Responsequoten innerhalb der Bestandsadressen zu erhöhen, ließen wir ganz einfach den eigenen Hund der Bestandskunden sprechen. In unserer 3-stufigen Anstoßkette schrieb der beste Freund auf Pfoten seinem Herrchen von den Problemen manch armer Hunde im Park, und wie man die Beweglichkeit und die Lebensfreude mit Pedigree GelenkAktiv für alle Hunde erhalten könnte. Als Belohnung für die Bestellung des 6-Wochen-Programms GelenkAktiv gab es ein knallgelbes Hundehalstuch mit dem Namen des eigenen Hundes darauf.

Pedigree GelenkAktiv – 3-stufige Anstoßkette für Word Of Mouth-Marketing

Um neue Kunden zu gewinnen und deren Adressen sowie die Namen ihrer Hunde zu erfahren, legten wir eine Bestellkarte für Dritte bei, mit denen sich ein Interessent nicht nur die Pedigree GelenkAktiv-Kur, sondern auch das gelbe Halsband mit dem Namen seines Hundes sichern konnte. Was ich schließlich beim Joggen beobachtet hatte, soll im Folgenden vor dem Hintergrund der Funktionsweise von WOM-Konzepten etwas dezidierter analysiert werden.

„Frag jemanden, der sich auskennt!"

Eine der Grundregeln des Empfehlungsmarketings besagt, dass nur derjenige etwas empfehlen kann, der zumindest glaubt zu wissen, wovon er redet. Ein besonderes Involvement der Empfehler in den Gegenstand der Empfehlung sowie die Möglichkeit, diese frei und ungezwungen abgeben zu können, ist daher ebenso nötig, wie das Wissen darum, dass die Empfehlung auch gehört und geachtet wird.

Haben Sie einen Hund? Selbst wenn Sie eher der Katzenfraktion angehören oder überhaupt kein Haustier halten, werden Sie nachvollziehen können, dass sich ein jedes „Herrchen" oder „Frauchen" mehr oder weniger intensiv mit dem Tier und seiner Haltung beschäftigt. Insofern liegt hier ein Grundstock an Fachwissen vor, der zumindest subjektiv ausreicht, um „fachkundig" Empfehlung geben zu können. Von den oben erwähnten Hundehalterinnen in der Hundeschule dürfte sich eine jede imstande fühlen, munter Empfehlungen für die Hundehaltung auszusprechen – und damit auch für oder gegen Pedigree GelenkAktiv.

Warum wir empfehlen

Auch wenn es Menschen gibt, die offenbar ungefragt und ohne nachvollziehbare Gründe Empfehlungen aussprechen, so unterliegt dem Empfehlungsverhalten doch immer ein entsprechendes Motivationsgerüst.

Die nachvollziehbarste Form der Motivation ist die materielle Besserstellung des Empfehlers durch seine Empfehlung. Wir kennen die Darreichungsformen zur Genüge: Die Bohrmaschine für einen Neukunden, 20 Euro für unsere Empfehlung oder der Zehn-Euro-Warengutschein für unseren guten Tipp – all diese Mechaniken bedienen sich extrinsischer Motivationsanreize. Aber genau auf diese wollten wir im konkreten Falle nicht einzahlen. Denn so attraktiv eine „Empfehlungsprämie" für den einzelnen Empfehler auch sein mochte, so kostenintensiv wäre sie für den Hersteller gewesen. Vor allem aber ist die merkantile Motivation der Empfehlung für den Empfehlungsempfänger schnell erkennbar.

Und Letzterer mag vor dem Hintergrund der „Kopfprämie" leicht am Nutzen der eigentlichen Empfehlung zweifeln.

Aber es gibt auch andere Motive für Empfehlungsverhalten. So zum Beispiel die empfundene soziale Aufwertung durch Anhebung der Eigenreputation oder Pflege der sozialen Kontakte. Ein Insidertipp für ein neues Restaurant in der Stadt verrät über den Tippgeber, dass er selber zum erlauchten Kreis der Insider gehört. In unserem Hundefall statteten wir die Hundehalter mit besonderem Fachwissen zu Pedigree GelenkAktiv aus, dessen mündliche Weitergabe in Form der Empfehlung positive Rückschlüsse auf die tiermedizinische Fachkundigkeit des Empfehlers zuließ.

Glücklicherweise existieren auch gänzlich altruistische Motivationen, um Empfehlungen zu geben. Man denke an die Motivation zur Antwort auf die Frage „Kannst Du mir einen guten Arzt empfehlen?". Um dieses emotionale Motivationsgebilde anzusprechen, stellten wir das gelbe Halstuch als Geschenk für den Neukunden in Aussicht. So konnte der Empfehler über seine Empfehlung hinaus noch etwas „Gutes" tun.

Und auch um den gewünschten Dialog zwischen Empfehlungsgeber und Empfehlungsnehmer anzukurbeln, tat das knallgelbe Tuch mit dem Namen des Hundes an eben dessen Hals sein Übriges. Schließlich bot das ins Auge fallende Textil genügend Anlass, um leichterdings eine Konversation sozusagen von Hundeliebhaber zu Hundeliebhaber zu beginnen.

Der subjektiv von mir in der besagten Hundeschule wahrgenommene Effekt ließ sich später auch in ganz objektiven Key Performance Indicators (KPI) manifestieren. Aus den Rückläufern ergab sich, dass jeder Besteller aus dem ersten Mailing das Programm oder das Halstuch wirksam an mindestens eine weitere Person empfohlen hatte. Die Käuferquote aus dem neu gewonnenen Interessentenstamm übertraf sogar diejenige aus dem Bestandssegment.

Diese einfachste Art der Mund-zu-Mund-Kommunikation bedurfte keiner digitalen Medien. Denn die „Plattform" des Austausches war die reale Gemeinschaft der Hundeliebhaber, die sich wie im Beispiel der Hundeschule entweder intendiert oder aber rein zufällig beim Spaziergang an der Alster oder im Wald spontan findet und miteinander ins Gespräch kommt.

Doch im Gegensatz zur webbasierten Plattform lässt sich diese reale Community eben nur schlecht lokalisieren und vor allem nicht kontrollieren. Und vor kaum etwas fürchten sich Markenartikler mehr als vor dem Kontrollverlust ihrer „Word of Mouth"-Kampagne. Warum eigentlich?

Meine Notizen und Ideen zum Thema:

Social Dating –
Engagementpartnerschaften von Unternehmen
und Organisationen

Hugo W. Pettendrup, HP-FundConsult

Auf vielen Tagungen, Kongressen und Veranstaltungen begegnen sich Menschen aus dem Profit- und dem Nonprofit-Bereich und aus den unterschiedlichsten Berufs- und Arbeitsfeldern. Man tauscht sich dort mit vielen interessanten Menschen aus, studiert am Anfang die Teilnehmerliste, führt Gespräche in der Kaffeepause oder in den Arbeitsgruppen. Eventuell werden sogar Projektideen oder Kooperationsgedanken angedacht. In der Regel stellt man aber am Ende der Veranstaltung fest, dass außer kurzzeitigen Erinnerungen oder dem Austausch von Visitenkarten nicht viel geblieben ist. Die gewonnene Energie verpufft und die Kontakte reißen aufgrund des Zeitmangels und anderer Prioritäten ab. Mögliche besprochene Ideen enden darin, dass man wieder auf sich selbst gestellt eigene Projekte oder Kooperationen andenkt oder bewegt.

Social-Dating (SoDa) bietet einen Ausweg aus diesem Konflikt. Mit dieser Methode sollen Konferenzen und Tagungen wirkungs- und ergebnisorientierter gestaltet werden. Die Begebenheit vor Ort wird effektiv genutzt und die Kontakte werden über das Ende einer Veranstaltung hinaus hergestellt. Die beiden Parteien, die sich sowohl aus Teilnehmern der Veranstaltung als auch aus extern akquirierten Teilnehmern zusammensetzen können, werden für einen kurzen Zeitraum im Rahmen einer organisierten und moderierten Zeiteinheit zusammen gebracht. Ziel ist die Aushandlung von gewinnbringenden Kooperationen und die aktive Umsetzung in Handlungen.

Kooperationen mit Unternehmen, öffentlichen Einrichtungen oder verschiedener gesellschaftlicher, gemeinnütziger Organisationen untereinander können die Potenziale der Partner vervielfachen und insgesamt zur Mehrung des Gemeinwohls beitragen. Zusammenarbeit bzw. Partnerschaft ist dabei mehr als der Transfer von Geld von einem Unterstützer zu einem Unterstützten. Sie ist das Zusammenwirken von Personen, Kompetenzen, Ressourcen und Netzwerken zum allseitigen Nutzen. Bei Veranstaltungen zu gesellschaftlich wichtigen Fragen, die nach praktischen Antworten suchen, sollte das Thema Kooperation bzw. Partnerschaft daher einen zentralen Platz erhalten. Und es ist sinnvoll, die Anbahnung von Kooperationsvereinbarungen nicht nur der Pausenbegegnung und dem Visitenkartentausch am Rande des Programms zu überlassen, sondern mit dem Angebot von SoDa aktiv zu fördern.

Das Social-Dating stellt innerhalb des gesamten Veranstaltungsvorhabens ein eigenes, anspruchsvolles Programmelement dar. Daher ist es sinnvoll, hierfür frühzeitig mit der Organisation und Planung zu beginnen. Es geht um die zielführende Gestaltung und die professionelle Teilnehmergewinnung sowie die Schnittstellen zur Gesamtveranstaltungsorganisation. Die Bildung einer Projektgruppe für die operative Planung und Umsetzung ist sinnvoll, wobei entsprechend kompetente Personen mit hinreichendem Zeitbudget (entweder bezahlt oder im Rahmen freiwilligen Engagements) benötigt werden. Hierbei sollten Kompetenzen und Erfahrungen aus unterschiedlichen Bereichen vorliegen, da insbesondere in der Vorbereitung und der Teilnehmergewinnung in der Regel Akteure aus unterschiedlichen Sphären zusammengebracht werden müssen.

Am Anfang steht die Planung einer Tagung, eines Kongresses oder einer anderen Form der Groß(gruppen)veranstaltung. Es geht um ein gesellschaftliches Anliegen und es wird erwartet, dass diese Veranstaltung eine nachhaltige Wirkung erzielt – eine Wirkung, die sich anschließend im Handeln der Teilnehmerinnen und Teilnehmer zeigen soll. Solche Anforderungen an das praktische Tun stoßen häufig an Grenzen der Kapazitäten, der Kompetenzen oder der kreativen Möglichkeiten. Gemeinsam mit unterschiedlichen Partnern können jedoch Kapazitäten gemehrt, Kompetenzen ergänzt und neue Möglichkeiten erschlossen werden. In

Hugo W. Pettendrup

diesem Sinne sollte bei den Planungen der Veranstalter die Methode des Social-Dating ins Spiel kommen und in die Veranstaltung integriert werden.

Speed-Dating nach der Marktplatzmethode

Die Grundlage zum Social-Dating hat zum einen das im Single-Bereich unter dem Motto „Wer einsam bleibt, ist selber schuld!" bekannte Speed-Dating gegeben. Zum anderen die von der Bertelsmann-Stiftung in Deutschland initiierte Marktplatz-Methode, die seit 2006 erfolgreich Anwender findet. Social-Dating ist demnach ein Instrument, das den Kern der Marktplatzmethode – die zugleich spielerische und verbindliche Anbahnung von kooperativen Partnerschaften – für das Format von Konferenzen und Kongressen adaptiert. Es ist bekannt, dass auch Veranstaltungen mit vielen Teilnehmern nachhaltige Effekte für die beteiligten Organisationen abseits der puren Wissensvermittlung entwickeln können. Somit sollte es möglich sein, bei solchen Veranstaltungen auch offensiv Kooperationen zu stiften. Zusätzlich setzen immer mehr lokale und regionale Initiativen auf den Grundgedanken, Organisationen aus unterschiedlichen gesellschaftlichen Bereichen zusammen zu bringen, um neue Kooperationen abseits des Geldtransfers in die Wege zu leiten.

Im Vordergrund der Methode stehen somit neue soziale Partnerschaften zwischen gemeinnützigen Organisationen und der Wirtschaft. Diese sind in Deutschland keine Alternative zu sozialstaatlichen Leistungsangeboten, aber eine unverzichtbare Ergänzung, wenn wir alle für die Zukunftsfähigkeit unserer Gesellschaft notwendigen Ressourcen mobilisieren wollen. SoDa betrifft somit das bürgerschaftliche Engagement, welches aus unserer Gesellschaft nicht mehr wegzudenken ist und das insbesondere die Unterstützung von Unternehmen benötigt. Im Rahmen von Kongressen und Tagungen scheitern Absicht und guter Wille, sich zu engagieren, ganz einfach an der Organisation und der Komplexität der Tagungsinhalte. Es fehlen schlichtweg Zeit, Informationen und Kontaktmöglichkeiten. Genau hier setzt das Social-Dating an.

Social-Dating bringt Angebot und Nachfrage zusammen. Hier werden nicht im eigentlichen Sinn Waren gehandelt, sondern Partnerschaften zwischen Unternehmen und gemeinnützigen Einrichtungen aufgebaut, konkrete Projekte verabredet und Ideen gemeinsam verwirklicht. Die Nachfrage der gemeinnützigen Seite und die Angebote des gesellschaftlichen Unternehmensengagements werden zusammengebracht. Der Charme der Methode besteht darin, dass den Formen und Inhalten des vereinbarten Engagements keine Grenzen gesetzt werden. Das Ergebnis kann so vielfältig sein wie die gemeinnützigen Organisationen und ihre Unterstützungsnachfragen und wie die beteiligten Unternehmen, ihre Größe, ihre Mitarbeiterzahl, ihre vorliegenden Kompetenzen und vorhandenen Ressourcen.

Das Social-Date ähnelt demnach einem Speed-Date. Es treffen sich eine gleiche Anzahl an Personen aus dem Profit- und dem Nonprofit-Bereich, die sich im Vorfeld der Tagung oder des Kongresses um die Teilnahme beworben haben bzw. für dieses Event extern akquiriert wurden. SoDa funktioniert mit kleinen und großen Teilnehmerzahlen, homogenen wie heterogenen Gruppen. Je nach Zusammensetzung bilden sich unterschiedliche Kooperationsthemen heraus. Wie erwänt kann die Einbindung von Externen, die nicht an der eigentlichen Veranstaltung teilnehmen, ein weiterer Aspekt sein. Dies kann unter verschiedenen Gesichtspunkten sinnvoll sein, zum Beispiel, wenn:

- die Teilnehmerzahl stark beschränkt ist und mit „SoDa" zusätzlich Interessierte für Kooperationsvereinbarungen gewonnen werden können bzw. sollen
- bestimmte gesellschaftliche Akteure – z.B. Unternehmen – erfahrungsgemäß nicht oder nur in geringer Zahl an der Veranstaltung teilnehmen, sie aber wichtige (potenzielle) Kooperationspartner sind
- eine bundesweit oder international ausgerichtete und besuchte Veranstaltung regionale Zusammenarbeitsimpulse geben soll, die regionale Akteure am Veranstaltungsstandort erreichen.

In einem zeitlich vorgegebenen Rahmen und mit einer professionellen Moderation finden kurze Gesprächsrunden statt, so dass alle Teilnehmer aus dem Profit-Bereich mit allen aus dem Nonprofit-Bereich ein Gespräch führen können. Gegenstand der Gespräche sollen mögliche Kooperationen und entsprechende Vereinbarungen sein. Dadurch sind Angebot und Nachfrage somit (fast) keine Grenzen gesetzt: Es geht um alles - außer Geld: persönlicher Einsatz und/oder Know-How der Mitarbeiter, Zugang zu Netzwerken, Sachmittel, Infrastruktur, logistische Unterstützung oder Kreativität.

In den kurzen Gesprächseinheiten hat jeder der Beteiligten die Gelegenheit, den eigenen Bedarf bzw. das Angebot seinem Gegenüber zu vermitteln. Zu diesem Zeitpunkt wissen die Beteiligten aber noch nicht, welche Organisation oder welches Unternehmen der Gesprächspartner vertritt. Nach dem alle miteinander gesprochen haben, wird man sich mit den Partnern, mit denen eine potentielle Zusammenarbeit vorstellbar scheint, noch einmal zusammensetzen, um weitere Details auszuhandeln. Hierbei wird aufgeklärt, für welche Organisation oder welches Unternehmen der Gesprächsteilnehmer tätig ist.

Es muss betont werden, dass es beim Social-Dating nicht um Leistung und Gegenleistung geht, sondern dass das bürgerschaftliche/soziale Engagement der Unternehmen im Vordergrund steht. Dass Organisationen auch etwas für die erhaltene Leistung geben, soll dazu beitragen, dass ein Verhandeln auf Augenhöhe - also zwischen gleichwertigen Partnern - stattfindet. Denn auch gemeinnützige Organisationen haben sehr interessante Angebote für Unternehmen.

Das Social-Dating dient als eine Art Plattform, um einen Austausch zwischen ganz unterschiedlichen Akteuren zu fördern. Bei einem Social-Date nehmen also einerseits wirtschaftliche Unternehmen, öffentliche Institutionen, Verbände, Kommunen teil, die sich mit ihrer Kompetenz und ihren Mitarbeitern für eine gemeinnützige Sache engagieren und sie somit unterstützen. Auf der anderen Seite stehen gemeinnützige Organisationen, Vereine u.ä., die eine solche Unterstützung suchen.

Ein weiteres wichtiges Ziel eines Social-Dating ist es, längerfristige, nachhaltige Partnerschaften zwischen gemeinnützigen Organisationen und wirtschaftlichen Unternehmen zu erzielen. Im Anschluss an die Hauptveranstaltung können im Rahmen einer Diskussionsrunde ausgewählte Partnerschaften und Vereinbarungen vorgestellt werden. Die ausgehandelten Engagements und Vereinbarungen werden am Ende der Veranstaltung in Geldwert berechnet, die Gesamtsumme wird veröffentlicht, so dass der Erfolg des Social-Dating messbar und ersichtlich wird.

Das Konzept des Social-Dating ist auf die verschiedensten Veranstaltungen übertragbar und dort integrierbar, beispielsweise als Workshop während eines Kongresses oder als besonderes Highlight im Rahmen einer Konferenz. Dabei spielt es keine Rolle, ob es sich um eine reine Veranstaltung für den Profit- oder den Nonprofit-Bereich handelt. Wichtige Voraussetzungen für das SoDa sind neben der professionellen Vorbereitung, die Auswahl und die Gewinnung der Teilnehmer, die Repräsentation der unterschiedlichen Sektoren der teilnehmenden Organisationen, der gleichberechtigte Einbezug sowohl des gemeinnützigen als auch des erwerbswirtschaftlichen Sektors, die Befähigung und Information der Teilnehmer, die operative Umsetzung und die Einhaltung der Regeln, die Moderation sowie die bedarfsabhängige Vermittlungsfunktion zwischen den Veranstaltungsgästen.

Aus Sicht der Teilnehmer sollen beim Social-Dating Probleme des Gemeinwesens mit den besonderen Ressourcen der jeweiligen Partner so gelöst werden, wie es ein Einzelner nicht vermag. Dabei können die Anbieter ihre Leistungen in Form von Arbeitskraft, Sachspenden, Zeit, Know-How, Beratung, Räumlichkeiten, Material oder Ideen zur Verfügung stellen. Als Nachfrager wird erforderliches gemeinnütziges Engagement definiert, um Aufgaben zu bewältigen, die alleine nicht bewältigt werden können.

Der Gewinn für die beteiligten SoDa-Partner liegt auf der Hand:

- beide Seiten profitieren von den Stärken des Anderen
- beide Seiten knüpfen neue Kontakte, die sofort oder später sehr nützlich sein können
- neuartige Wege der Unternehmens- und Organisationskommunikation stehen den beteiligten Partnern zur Verfügung
- für Unternehmen wirkt sich das gemeinnützige Engagement positiv auf ihr Image aus

Hugo W. Pettendrup

- außerdem: jeder Mitarbeiter, der sich an einer ehrenamtlichen Aktion beteiligen kann, erhält zusätzliche Motivation für seine eigentliche Arbeit und die Attraktivität als Arbeitgeber nimmt gravierend zu

Abschließend bleibt zu resümieren, dass „Social-Dating" dazu beiträgt, gute Rahmenbedingungen für gesellschaftlichen Austausch zu schaffen, die den Nährboden für den flächendeckenden Erhalt und den robusten Ausbau gemeinsam übernommener Verantwortung bilden.

Meine Notizen und Ideen zum Thema:

III. Best-Practise
aus der Zivilgesellschaft

Mehr Dialog wagen –
Wie die „Ja zu Tempelhof"-Kampagne
Berlin bewegte

Lutz Kordges, Publicis Consultants Deutschland

Wenn Sie als Wahlkampf-Manager der „Ja zu Tempelhof-Kampagne" mit 2,43 Millionen Menschen einzeln eine Minute lang sprechen, oder - wie wir in der Kommunikationsbranche etwas gestelzt sagen: „in den Dialog treten" wollten -, müssten Sie dafür mindestens 5 Jahre einplanen. Doch selbst wenn Sie einschlägige Erfahrungen im Speed-Dating mitbrächten, wäre es kaum möglich, dass Sie sich innerhalb von einer Minute als sympathisch und glaubwürdig präsentieren, Ihr Anliegen vorbringen und Ihre Dialogpartner überzeugen, sich bei einem Volksentscheid für Ihre Sache zu committen.

Noch schwerer wird die Aufgabe, wenn es sich bei Ihren Dialogpartnern um Junge und Alte, Reiche und Arme, Ossis und Wessis, Ausländer und Inländer, Schlaue und weniger Schlaue handelt, die nur eine einzige Gemeinsamkeit haben, nämlich, dass sie laut Berliner Landeswahlgesetz berechtigt sind, am Volksentscheid zur Zukunft des Flughafens in Berlin-Tempelhof teilzunehmen.

Dialog oder Heavy Rotation?

Schon aus zeitlichen Erwägungen liegt es also auf der Hand, auf die sympathische Grundidee eines persönlichen Dialoges zu verzichten und stattdessen jede freie Plakat- und Anzeigenfläche in Berlin zu belegen. Schließlich sagen Politstrategen, dass die Wählerinnen und Wähler erst dann die Kreuzchen an der richtigen Stelle machen, wenn ihnen die Botschaft („Ja zu Tempelhof") zu den Ohren herausrotiert. Doch wer die finanziellen Möglichkeiten einer Bürgerinitiative kennt und schon einmal mit Anzeigenleitern von Berliner Zeitungen gesprochen hat („Keine Kohle, keine Kekse") merkt schnell, dass die Heavy Rotation-Strategie keine echte Option ist.

Das Tempelhof-Team - bestehend aus dem erfahrenen Kampagnen-Manager Matthias Wambach, den Werbe-Profis von Shipyard (dem Schnellboot unter Deutschlands Agenturen für politische Kommunikation) und den PR-Experten von Publicis Consultants unter Leitung von Axel Wallrabenstein - hat sich deshalb für eine Dialog-Strategie entschieden.

Aus finanzieller und zeitlicher Notwendigkeit, aber eben auch, weil wir der Meinung sind, dass moderne Kampagnen ohne Dialoge kaum noch Aussicht auf Erfolg haben. Doch es sagt sich leicht dahin, dass wir „wieder lernen müssen, mit den Menschen auf Augenhöhe zu reden." Schwieriger wird es, wenn diese Gespräche tatsächlich zustande kommen. Denn wer Dialoge anstößt, muss mit allem rechnen und Kritik vertragen können. Jeder Politiker, der schon einmal in der Fußgängerzone, im Bierzelt oder im Online-Chat den Dialog mit den Bürgern gesucht hat, weiß, dass dort nicht nur mit dem Florett, sondern auch im Full-Contact-Modus gekämpft wird.

Der Obama-Effekt

Basis der „Ja zu Tempelhof-Kampagne" bildete ein 5-Stufen-Plan, der schon auf den Obama-Effekt setzte, als der kommende US-Präsident nur innerhalb der Stadtgrenzen Chicagos bekannt war. Mit dem 5-Stufen-Plan wollten die Kampagnenmacher eine Debatte in der Stadt anstoßen, bei dessen Verlauf sie selbst gar nicht mehr unbedingt mitmischen mussten. Die Frage nach der Zukunft des Flughafens Tempelhof sollte nicht nur zur „debate of the town", sondern zum sich selbst verbreitenden „dialogue of the town" werden. Das heißt konkret: Die Kampagnenmacher sollten nicht die sein, die am Häufigsten und am Lautesten reden, sondern diejenigen, die Argumente liefern, Menschen zusammenbringen, Anlässe schaffen und Anstöße geben.

Stufe 1 der Kampagne bestand aus einer Mailing-Aktion, die alle Berliner Haushalte mit einer Infobroschüre Pro Tempelhof versorgte. Dieses Mailing, von Kampagnenmachern gerne als Grundrauschen bezeichnet, bot aber weit mehr als die routinemäßige Auflistung von Argumenten und Wahlinformationen. Die verschickten Broschüren enthielten das klare Angebot an alle Berlinerinnen und Berliner, sich per Telefon-Hotline, Aktionswebsite oder im Kampagnenbüro (im Flughafengebäude) aktiv zu beteiligen. Mit durchschlagendem Erfolg. Die Tempelhof-Telefone standen nicht mehr still, die Website brach unter dem Besucher-Ansturm zeitweise zusammen. Das Aktionsbüro wurde von Schulklassen, Reisenden, Anwohnern und Journalisten regelrecht belagert.

In Stufe 2 wurde die wachsende Aufmerksamkeit in Diskussionsrunden und Infoveranstaltungen in der ganzen Stadt - zum Beispiel im Flughafengebäude und im Schöneberger Rathaus - aufgegriffen. Bei diesen Treffen kamen Flughafenfans und Gegner zusammen und miteinander ins Gespräch. Dass sich viele Diskussionsteilnehmer dabei die Argumente der Tempelhof-Kampagne zu Eigen machten und weiter trugen, war kein Zufall und der Schlüssel zu einer Wählermobilisierung, wie es sie bei einem Volksentscheid in Deutschland noch nicht gegeben hat.

Flughafenfans in Aktion – „Alle Macht geht vom Volke aus"

Be Tempelhof

Stufe 3 der Kampagne zielte auf den mächtigsten Gegner des Flughafens, der zuvor schon mehrfach seine Resistenz gegen gute Argumente und den Willen der Berliner Bevölkerung bewiesen hatte: den Regierenden Bürgermeister von Berlin, Klaus Wowereit. Mit Guerilla-Aktionen im Netz, bei offiziellen Terminen im Roten Rathaus und bei der Kino-Premiere zu der „Rote Baron" am Potsdamer Platz setzten sich Tempelhof-Fans mit kreativen und fairen Mitteln in Szene. Das sorgte für viele Sympathien und für Schlagzeilen in nationalen und internationalen Medien.

Am Besten in Erinnerung ist die Guerilla-Aktion, in der die Tempelhof-Aktivisten der Premiere der „Be Berlin-Kampagne" die Luft heraus ließen. Die Eröffnungsrede von Klaus Wowereit, die via berlin.de in die ganze Welt gestreamt werden sollte, umrahmten die Tempelhof-Guerillas mit einem für alle sichtbaren Banner: „Be Berlin. Be Tempelhof". Der älteste Verkehrsflughafen der Welt - von seinen Gegnern schon längst abgeschrieben - schaffte es so noch einmal, auf die nach oben offene Wahrnehmungsskala der deutschen Hauptstadt zu gelangen.

Billig, aber sexy

Stufe 4 der Kampagne verstärkte diesen Effekt, weil sie auf Multiplikatoren und Prominente innerhalb und außerhalb Berlins zielte. Mit täglichen Kampagnen-Newslettern und Direkt-Kontakten wurden prominente Unterstützer mit Informationen und so genannten Give-Aways versorgt. Die Folge: Viele Prominente erklärten ihre Solidarität mit Tempelhof und zeigten auch bei öffentlichen Auftritten, auf welcher Seite sie standen. Die von Kritikern geschmähten „Billig-Unterstützer-Armbändchen" gehörten auf den roten Teppichen der Hauptstadt schon bald zum gängigen Accessoire und heizten die Nachfrage nach Tempelhof-Werbemitteln weiter an. Billig, aber sexy.

Tempelhof-Retter – Mit Dialog zum Ziel

Um die Debatte über die Zukunft des Flughafens über mehrere Wochen in der öffentlichen Diskussion zu halten, kamen in Stufe 5 auch klassische Werbe-Maßnahmen zum Einsatz. Bei der Gestaltung legten die Kampagnenmacher Wert darauf, sich klar von der historischen Schwarz-Weiss-Ästhetik abzuheben, die viele Menschen mit dem Flughafen-Tempelhof in Verbindung brachten. Stattdessen wurden junge, positive und humorvolle Plakate, Guerilla-Aktionen und Werbespots kreiert, denen es gelang, nicht den Flughafen, sondern seine Gegner alt aussehen zu lassen.

Die Gewinner der Herzen

Dialoge wirken, das ist das Ergebnis der Tempelhof-Kampagne, die es innerhalb kürzester Zeit geschafft hat, 530.000 Berlinerinnen und Berliner für Tempelhof zu mobilisieren und an die Wahlurnen zu bringen. Die Freunde Tempelhofs setzten sich klar gegen den politischen Gegner durch und mussten sich am Ende nur dem Berliner Wahlsystem geschlagen geben. Die erforderliche Stimmenzahl von rund 600.000 wurde knapp verfehlt.

Nach den Tränen und der Trauer am Wahlabend und dem endgültigen Abschied von Tempelhof als City-Flughafen bleibt die Erkenntnis, dass Menschen auch in Zeiten von Politikverdrossenheit und sinkender Wahlbeteiligung mitreden und mitgestalten wollen, wenn man sie dazu ermutigt. Die Tempelhof-Dialog-Kampagne ist ein Stück lebendige Demokratie, weil sie eine politische Entscheidung über Wochen zum Thema machte und Menschen aktivierte, die sich noch nie oder schon seit Jahren nicht mehr politisch engagiert hatten.

Meine Notizen und Ideen zum Thema:

Revolution per Stundenplan – Neue Wege des Dialogmarketings am Beispiel eines Spendenaufrufs der Hilfsorganisation Kinderzukunft

Anita Stoll, argonauten G2; Anne Stroschein, argonauten G2;
Cornelia Wolff, Kinderzukunft (Rudolf-Walther-Stiftung)

Ein Stundenplan weckt nostalgische Erinnerungen: an lang vergessene Schulfreunde, aufregende Klassenfahrten, Butterbrotpapier, den verhassten Mathelehrer und die erste große Liebe. Um den Spendenaufruf der hessischen Hilfsorganisation Kinderzukunft (Rudolf-Walther-Stiftung) aus der Flut vorweihnachtlicher Bittbriefe herauszuheben, entschied die Frankfurter Werbeagentur argonauten G2, diese Emotionen zu nutzen. Im Mittelpunkt des Mailings, mit dem die Kinderzukunft im November 2008 um Unterstützung für ihre Kinderdörfer in Bosnien-Herzegowina, Guatemala und Rumänien warb, stand ein Stundenplan. Allerdings kein normaler, sondern der virtuelle Stundenplan eines guatemaltekischen Straßenkindes. Schulfächer wie „Frühstück im Müll suchen" und „Traurig und verlassen einschlafen" rissen den Leser aus nostalgischen Schulerinnerungen und konfrontierten ihn eindringlich mit dem täglichen Überlebenskampf armer Kinder in Guatemala.

Mit auffälligen, kreativen und ungewöhnlichen Werbekampagnen potenzielle Kunden auf ein Produkt aufmerksam zu machen, ist für Werbetreibende keine ungewöhnliche Zielsetzung. Täglich, stündlich und gar minütlich prasseln Werbeeindrücke auf den Konsumenten ein. Ohne Überraschungseffekte geht die eigene Botschaft in einem übersättigten Werbemarkt unter. Auch soziale Organisationen, die mit Spendenaufrufen um die Aufmerksamkeit der Menschen werben, sehen sich einem immer größeren Konkurrenzdruck ausgesetzt. Seit Jahren stagniert das Spendenaufkommen in Deutschland, während die Anzahl der um Spenden werbenden Organisationen stetig wächst. Um etwas vom Kuchen abzubekommen, muss immer mehr investiert werden. Besonders schwierig ist die Situation für kleine und mittlere Hilfsorganisationen. Sie können ohnehin nur schwer vermitteln, warum sie knappes Geld für Werbung „verpulvern", statt es in die eigentliche Arbeit für Menschen in Not zu stecken. Niedrige Auflagen führen zudem zu relativ hohen Produktionskosten. Der Druck ist hier also besonders groß, mit geringen Mitteln maximale Aufmerksamkeit zu erzeugen.

Dass erfolgreiche Spendenwerbung auch unter solchen Bedingungen möglich ist, zeigt das „Stundenplan-Mailing", das in diesem Beitrag vorgestellt werden soll. Von den argonauten G2 für die Kinderzukunft entwickelt, weicht es vom ausgetretenen Pfad der Standardmailings ab. Und das Wagnis hatte Erfolg: Das Mailing erzielte nicht nur hohe Responsequoten, sondern überzeugte auch die Juroren des Deutschen Dialogmarketing Preises (DDP) und des Mailing-Wettbewerbs der Deutschen Post, die es jeweils auf der Shortlist platzierten.

Die Kinderzukunft (Rudolf-Walther-Stiftung) ist eine unabhängige, deutsche Stiftung, die sich seit 1988 in Krisengebieten der ganzen Welt für Kinder in Not einsetzt. Schwerpunkte ihrer Arbeit sind Kinderdörfer in Bosnien-Herzegowina, Guatemala und Rumänien. Darüber hinaus unterhält die hessische Stiftung weltweit Bildungs- und Ernährungsprojekte. Finanziert wird die Hilfe durch Erlöse aus dem Stiftungsvermögen und Spenden. Die argonauten G2 Frankfurt bieten seit 2004 Multi-Channel-Marketing, das sich durch Professionalität, Kreativität und ein ausgesprochenes Gespür für die Bedürfnisse der Kunden auszeichnet. Ihr Portfolio reicht vom klassischen Dialogmarketing bis hin zu innovativsten Online-Lösungen. Die argonauten G2 arbeiten unter anderem für Commerzbank AG, Karstadt, Leica AG, Messe Frankfurt, MEWA und die Kinderzukunft.

Ausgangspunkt

Am Anfang erfolgreicher Kommunikation steht neben der intensiven Beschäftigung mit der Zielgruppe und dem Produkt zunächst die genaue Definition der Rahmenbedingungen und des Kommunikationsziels. Das war auch bei der Entwicklung des „Stundenplan-Mailings" nicht anders.

Denn nur eine klare Aufgabenstellung verbunden mit dem notwendigen Hintergrundwissen ermöglichte es, der für das Projekt verantwortlichen Agentur, die optimale kreative Lösung zu finden.

Ziel, Rahmenbedingungen und Zielgruppe

Das Ziel des Mailings schien eigentlich ganz einfach: potenzielle Spender vom Anliegen der Kinderzukunft überzeugen und die Not der Kinder so darstellen, dass der Mailing-Empfänger aktiv helfen möchte. Kurz: möglichst viele Neu-Spender für die Kinderzukunft gewinnen. Soweit so gut. Kommen wir zu den entscheidenden Rahmenbedingungen: Aussendezeitpunkt, Adressqualität, Bekanntheit des Absenders, Produktionsbudget, postoptimierter Versand, Auflage und nicht zuletzt der gesellschaftspolitische Kontext.

Die Aussendung des Mailings war in zwei Tranchen für die Monate November und Dezember 2008 geplant. Der Zeitpunkt lag auch deshalb nahe, weil Marktforschungen belegen, dass die Spendenbereitschaft der Deutschen in der Vorweihnachtszeit am Größten ist. Gemeinnützige Organisationen generieren sage und schreibe ein Drittel ihres Spendenaufkommens in dieser Zeit. Entsprechend ist es für alle Hilfsorganisationen ein absolutes Muss, in diesem Zeitraum aktiv zu werden. Jedoch bringt der Aussendezeitpunkt gerade für kleinere, unbekanntere Organisationen wie die Kinderzukunft viele Nachteile mit sich. Denn in den Briefkästen tummeln sich in dieser Zeit die Mailings größerer namhafter Wettbewerber, gegen die es sich durchzusetzen gilt. Wettbewerber, die im Zweifel nicht nur über höhere Auflagen, sondern auch über höhere Budgets verfügen, um ihren Aussendungen im wahrsten Sinne des Wortes mehr Gewicht zu verleihen. In diesem Zusammenhang spielt auch die Adressqualität eine wichtige Rolle.

Im Fall des „Stundenplan-Mailings" standen sogenannte „Kaltadressen" zur Verfügung. Das heißt, gekaufte Adressen einer spendenaffinen Zielgruppe, über die wir nicht mehr wussten, als dass diese Personen in hessischen Ballungsräumen wohnen, mit hoher Wahrscheinlichkeit Eltern sind und in der Vergangenheit bereits für Hilfsorganisationen gespendet haben.

Was wir also bei der Zielgruppe nicht voraussetzen konnten, war die Bekanntheit der Kinderzukunft beim Empfänger des Mailings. Ein Faktor, der sich auf die zu erwartende Responsequote generell negativ auswirkt. Diese Problematik galt es, durch Inhalt und Gestaltung des Mailings zu kompensieren. Wir mussten einfach überzeugender sein als die bekannteren Wettbewerber.

Eine weitere Herausforderung stellte das im Vergleich mit großen Wettbewerbern deutlich geringere Budget der Kinderzukunft dar, das für Produktion und Versand zur Verfügung stand. Daraus ergaben sich restriktive Anforderungen an das Format, Gewicht und Verarbeitung des Mailings. Um einen porto-optimierten Versand als Infopost zu gewährleisten, musste ein Standardformat gewählt werden, z.B. DIN lang oder das Postkartenformat C6/5. Auch war darauf zu achten, dabei das Gesamtgewicht von 20 Gramm nicht zu überschreiten, um das Porto möglichst gering zu halten. Kreative Spielereien wie Stanzen, Prägungen oder technisch aufwändigere Mechaniken waren aufgrund des kleinen Produktionsbudgets ebenfalls von vornherein ausgeschlossen.

Zu guter Letzt galt es, die gesellschaftlichen Rahmenbedingungen zu berücksichtigen, die sich auf die Spendenbereitschaft der Zielgruppe auswirken könnten. So erreichte im Winter 2008 die weltweite Finanzkrise einen vorläufigen Höhepunkt – und es war zu erwarten, dass insbesondere die kleineren Organisationen unter dem generellen Spendenrückgang leiden würden. Doch damit nicht genug: Wenige Monate zuvor hatte der UNICEF-Skandal die Öffentlichkeit erschüttert. Ein Skandal, der nicht nur das UN-Kinderhilfswerk selbst betraf, sondern das Ansehen der gesamten Branche in Mitleidenschaft zog. Die dadurch gesunkene Spendenbereitschaft traf wiederum kleine Organisationen wie die Kinderzukunft besonders hart. Zum einen, weil durch ihr verhältnismäßig geringes Marketing-Budget kein Spielraum zur Verfügung stand, um durch zusätzliche Maßnahmen gegenzusteuern und Vertrauen wiederherzustellen. Zum anderen, weil sich auch hier die geringere Bekanntheit der Stiftung negativ auswirkt. Denn, um es einmal aus Sicht des Verbrauchers zu formulieren, „wenn schon große bekannte Organisationen so mit meinen Spenden umgehen, werde ich mein Geld erst recht nicht einer kleinen unbekannten Organisation geben..."

Nun aber zurück zum Ziel, das man nach genauer Betrachtung der Rahmenbedingungen auch folgendermaßen hätte formulieren können: Wie bekommen wir Menschen dazu, in der heiß umkämpften Vorweihnachtszeit, noch dazu in Tagen der weltweiten Finanzkrise und des allgegenwärtigen UNICEF-Skandals, ihr Portemonnaie für Kinder in Not zu zücken?

Vom Briefing zur Idee

Im Fokus der nächsten Phase stand nun die intensive Auseinandersetzung mit dem Produkt, sprich der Stiftung sowie der Zielgruppe. Denn eine erfolgreiche Idee muss die Anforderungen, die sich aus beiden Punkten ergeben, auf überraschende Weise miteinander vereinen.

Aus diesem Grund tauchte das Kreativteam der Agentur zunächst in die Welt der Kinderzukunft ein, um aus dem möglichen Themenspektrum für ein Mailing (u.a. Kinderdörfer und Patenschaften) das geeignete herauszufiltern und kreativ im Sinne des Kommunikationsziels umzusetzen. Nach intensiven Recherchen und Gesprächen mit der Kinderzukunft stand schnell fest, dass die Kinder in Guatemala das Thema für unser Mailing sein würden. Warum? Weil die menschenunwürdigen Lebensumstände der Kinder in Guatemala eigentlich jeden, der sich damit beschäftigt, stark berühren und in heftigem Kontrast zu unserer „heilen Welt" stehen. Das heißt, gerade hier wird deutlich, wie wichtig das Engagement der Kinderzukunft ist. Denn die Kinder im Dorf der Stiftung werden nicht nur ärztlich versorgt und erhalten geregelte Mahlzeiten sowie ein Dach über dem Kopf, sondern auch eine Ausbildung, die ihnen eine lebenswerte Zukunft ermöglicht. Aufgrund der Altersstruktur der Zielgruppe konnten wir annehmen, dass viele der Empfänger des Mailings selbst Kinder haben und sie so das Thema emotional involvieren würde.

Von dieser Überlegung ausgehend startete das Kreativteam der Agentur mit Brainstorming zur Ideenfindung. Naturgemäß entstand eine Vielzahl von Kreativ-Ideen, die der Stiftung präsentiert wurde. Neben der späteren winning idea lagen dabei auch Ansätze vor, die das Thema radikaler kommunizierten. Hier galt es abzuwägen, wie viel emotionaler Druck auf den Empfänger aufgebaut werden sollte, um das Ziel einer Erstspende zu erreichen.

Den potenziellen Spendern sollte deutlich werden, dass die schrecklichen Verhältnisse Hilfe nötig machen. Gleichzeitig durften sie emotional aber auch nicht überfordert werden. Da für eine umfangreiche Marktforschung kein Budget vorhanden war, wurden die unterschiedlichen Konzepte einem „Hausfrauentest" unterzogen, d.h. verschiedenen Personen im Umfeld der Stiftung vorgelegt. Nach einer kurzen Entscheidungsphase blieb eine Idee übrig, von der wir glaubten, dass Sie das größte Potenzial im Hinblick auf die Zielgruppe habe: der Stundenplan.

Kreativ gestaltet - Fundraising-Mailing von Kinderzukunft

Von der Idee zur Umsetzung

Die Idee basiert auf der Einsicht, dass Menschen mit Kindern ein sehr emotionales Verhältnis zu typischen Schul-Stundenplänen haben. Denn entweder gehen die Kinder noch zur Schule und die Eltern füllen zu Beginn jedes Schuljahrs gemeinsam mit ihren Lieben den Plan aus. Oder die Kinder sind schon älter oder bereits aus dem Hause. Dann weckt ein Stundenplan „verklärte" Erinnerungen an die gemeinsam durchlebte Schulzeit.

Um auf die Missstände in Guatemala und die benötigte Hilfe aufmerksam zu machen, konzipierten wir jedoch keinen „normalen" Stundenplan. Vielmehr kontrastierten wir das alltägliche Leid guatemaltekischer Straßenkinder mit dem gut organisierten und behüteten (Schul-)Alltag der Kinder unserer Zielgruppe. Der Stundenplan war typisch kindgerecht gestaltet und wirkte auf den ersten Blick sehr vertraut. An Stelle der gewohnten Unterrichtsfächer wie Mathe und Deutsch spiegelten die Einträge jedoch die realen und schockierenden Alltagsbeschäftigungen guatemaltekischer Straßenkinder. Diese eindringliche Konfrontation mit dem täglichen Lebenskampf armer Kinder in Guatemala machte den Bedarf an Hilfe plastisch deutlich.

ZEIT	MONTAG	DIENSTAG	MITTWOCH	DONNERSTAG	FREITAG
7-10 UHR	FRÜHSTÜCK IM MÜLL SUCHEN	ARBEIT AUF DEM FELD	FRÜHSTÜCK IM MÜLL SUCHEN	FRÜHSTÜCK IM MÜLL SUCHEN	ZURÜCK AUF DER STRASSE
10-14 UHR	ARBEIT AUF DER MÜLLKIPPE	ESSEN SUCHEN	BETTELN	BETTELN	KLEBSTOFF SCHNÜFFELN MIT ANDEREN STRASSENKINDERN
14-17 UHR	ARBEIT AUF DER MÜLLKIPPE	BETTELN	KLEBSTOFF SCHNÜFFELN	ESSEN STEHLEN	ARBEIT AUF DER MÜLLKIPPE
17-20 UHR	SCHLAFPLATZ SUCHEN	KLEBSTOFF SCHNÜFFELN	BETTELN	SCHLÄGEREI MIT POLIZEI	ARBEIT AUF DER MÜLLKIPPE
20-24 UHR	KLEBSTOFF SCHNÜFFELN ZUM EINSCHLAFEN	TRAURIG UND VERLASSEN EINSCHLAFEN	SCHLAFPLATZ SUCHEN UND HUNGRIG EINSCHLAFEN	IM GEFÄNGNIS ÜBERNACHTEN	ESSEN IM MÜLL SUCHEN UND ALLEINE EINSCHLAFEN

Mailing – Fiktiver Stundenplan eines guatemaltekischen Kindes

Auf diese Weise sollte zunächst das Interesse der Zielgruppe geweckt werden. Hier spielt auch die Optik des Mailings eine nicht zu unterschätzende Rolle. Denn die sympathische, kindlich anmutende Gestal-

Anita Stoll, Anne Stroschein, Cornelia Wolff

tung des Mailings kommuniziert die Idee nicht nur visuell und inhaltlich, sondern sorgt auch dafür, dass „zarter besaitete" Naturen unter den Empfängern nicht aussteigen. Nachweislich löst der dominante Einsatz von „Hungerbildern", wie sie häufig für Spendenaktionen eingesetzt werden, bei vielen Menschen eher Reaktionen aus, die nicht zur weiteren Beschäftigung mit dem Thema führen.

Damit das geweckte Interesse jedoch tatsächlich in eine Spende mündet, müssen neben der zentralen, kreativen Idee auch die begleitenden Bestandteile stimmen. Diese sind es, die dem Empfänger letztlich Antworten auf seine entscheidenden Fragen geben: „Bringt meine Spende wirklich etwas?" „Kommt sie auch da an, wo sie gebraucht wird?" „Ist der Absender seriös?" „Was macht die Organisation genau mit meinem Geld?"

Zur Beantwortung dieser Fragen lag dem Mailing ein Info-Flyer in Form eines Schulhefts bei, der anschaulich erläuterte, wer die Kinderzukunft ist und wie die Organisation Kindern mit Spendengeldern hilft. Dazu wurde im Flyer die reale Geschichte eines Kindes geschildert, das mithilfe der Kinderzukunft bereits dem Elend entkommen ist. Als Fallbeispiel wurde das Leben des kleinen Brayan gewählt, der die ersten Jahre seines Lebens auf der Müllhalde verbrachte und nun im Kinderdorf der Kinderzukunft in Guatemala ein neues Zuhause gefunden hat. Um zu zeigen, wie hart sein Leben früher war, wurden auch Fotos eingesetzt, die seine früheren Lebensbedingungen zeigten.

Darüber hinaus wurden im Flyer konkrete Spendenbeispiele genannt, die aufzeigten, mit welchem Betrag, welche Hilfeleistung ermöglicht werden kann. So wurde etwa betont, dass sich für 15 Euro ein Kind in Guatemala eine Woche lang satt essen kann. Dadurch erhielt der Spender einen Anhaltspunkt, mit welcher Spendenhöhe er welche Wirkung erzielen kann.

Kleiner Mann ganz groß - Der Info-Flyer von Kinderzukunft erzählt
die Geschichte des Straßenkindes Brayan

Ein informatives Anschreiben mit der Aufforderung, den Stundenplan durch Spenden zum Guten zu verändern sowie ein personalisierter Überweisungsträger komplettierten das Mailing. Alle Bestandteile wurden in einer Versandhülle verschickt. Bei der Gestaltung der Versandhülle wurde zusätzlich zum Logo der Kinderzukunft ein Bild-Text Element eingesetzt. Trotz des geringen Bekanntheitsgrads der Kinderzukunft, sollte so sichergestellt werden, dass der Empfänger bereits vor dem Öffnen des Umschlags auf einen Blick erfassen kann, mit welchem Thema (Kindernothilfe) er angesprochen wird.

Fazit

Das Stundenplan-Mailing war Teil eines Konzepttests. Um herauszufinden, ob dieses kreative Mailing trotz des höheren Aufwands (bei Kreation und Produktion) besser funktioniert als das – mehr oder minder bewährte – Standard-Mailing (DIN lang, bis 20 Gramm), das mit einem Testimonial-Konzept um Spenden warb, wurde die Zielgruppe zweige-

Anita Stoll, Anne Stroschein, Cornelia Wolff

teilt. Ein Teil erhielt das Innovativ-Mailing, ein anderer eine herkömmliche Mailing-Variante. Obwohl das Stundenplan-Mailing im Gegensatz zum parallel verschickten Konkurrenten keine Incentivierung enthielt (im Standard-Mailing war eine Postkarte als Geschenk beigelegt), gewann das kreative Mailing den Test. Der großen Konkurrenz, dem UNICEF-Skandal und der Finanzkrise zum Trotz wurde das Stundenplan-Mailing ein voller Erfolg. Es erzielte die beste Responsequote, die die Kinderzukunft bis dato mit einem Kaltmailing erreicht hatte.

Aufgrund des großen Erfolgs plant die Kinderzukunft, das Stundenplan-Mailing zukünftig in einer landesweiten Aussendung einzusetzen, da es die fehlende nationale Bekanntheit der Stiftung durch die außergewöhnliche Ansprache ausgleicht. Aber nicht nur die Kinderzukunft erzielt mit dem Konzept Stundenplan Erfolge: Die Idee ist offenbar so überzeugend, dass eine große deutsche Kinderhilfsorganisation sie stillschweigend für ein eigenes Mailing übernommen hat.

Auch in Zukunft werden die argonauten G2 und die Kinderzukunft gemeinsam Ideen und Konzepte verwirklichen, die über das bereits Gesehene hinausgehen. Insbesondere im Bereich der jüngeren Zielgruppen und der Neuen Medien ist ein „Über-den-Tellerrand-schauen" ohne Alternative. Denn nur die außergewöhnlichen Ansätze und der Mut zu neuen Wegen bieten Organisationen wie der Kinderzukunft die Chance, die „Herrscher" der Branche herauszufordern. ¡Hasta la victoria siempre! – Es lebe die Dialog-Revolution.

Meine Notizen und Ideen zum Thema:

Soziale Manieren für eine bessere Gesellschaft – Eine Kampagne der Caritas in Deutschland

Barbara Fank-Landkammer, Deutscher Caritasverband

2009 nannte die Caritas in Deutschland ihre jährliche Kampagne „Soziale Manieren für eine bessere Gesellschaft". Kampagnen sind per se auf Dialog, auf Reaktion angelegt. Wie war es mit „Soziale Manieren"?

Von Anfang an löste sie Reaktionen aus – zunächst intern und hier war nicht nur Zustimmung angesagt. Unser Claim der Caritas-Kampagne weckte so unterschiedliche Assoziationen wie „Knigge für Arme" oder „Ein Lächeln ist mehr wert als Geld, wo bleibt die Sozialpolitik?". Die Plakatentwürfe waren heiß umstritten. Sie wurden weiter entwickelt und in ihrer Aussage konkreter, ein TV-Spot brachte ins Bild, was Worte nicht sagen können und der Weblog im Internet entwickelte sich zu einer Brücke zu der Realität auf den Straßen und in den Beratungsstellen.

Gegen Ende des Jahres wurde die Kampagne „Soziale Manieren" als eine der Kampagnen betrachtet, die am meisten Reaktionen und Gespräche initiierte: Pressekonferenzen unter der Brücke in Düsseldorf, Umtauschaktionen der „Respekttüten" in der Fußgängerzone von Münster, E-Mails mit dem Wortlaut: „Habe gestern Euren Spot im Fernsehen gesehen. Was kann ich tun?".

Die Idee der Kampagne

Menschen am Rande der Gesellschaft sollten im Mittelpunkt stehen. Es ging um die Menschen, mit denen gemeinhin kein Dialog gepflegt wird. Eine Studie brachte es ans Licht: „Wo begegnen Sie Menschen in sozialen Notlagen?" fragte das Meinungsforschungsinstitut Sinus Sociovision im Auftrag des Deutschen Caritasverbandes 2.610 deutschsprachige, erwachsene Personen. 87 Prozent kennen persönlich keine armen Menschen. Sie sehen diese höchstens auf der Straße in anderen Stadtteilen. Nur 13 Prozent gaben an, arme Menschen in der Familie oder im Freundeskreis zu haben.

Die überwiegende Mehrheit der Menschen in Deutschland scheint also in einer „heilen Welt" zu leben. Die Milieus grenzen sich gegeneinander ab. Die Begegnung unterschiedlicher Lebenswelten findet immer weniger statt. In dieser Situation wollte die Caritas 2009 Grenzen überwinden, zur Kommunikation ermutigen.

In unserer Leistungs- und Lifestyle-Gesellschaft sind Menschen am Rande der Gesellschaft das Spiegelbild der Erfolglosigkeit. Besonders gilt dies für Personen, bei denen sich die Probleme über längere Zeit häufen: Arbeitslosigkeit, Trennung und Scheidung, Krankheit, Überschuldung oder Wohnungslosigkeit. Ihre sozialen Beziehungen sind brüchig geworden. Sie kennen Einsamkeit und Gewalt, Aufstehen und Hinfallen aus ihrem täglichen Leben. Oft fehlt ihnen Mut und Kraft. Viel eher sind Resignation, Hoffnungslosigkeit und Ablenkung ihre Lebensthemen.

Wie kann hier Dialog gelingen?

Plakate, TV- und Kinospot, Weblog

Die Menschen auf unseren Plakaten sind von Armut und Ausgrenzung betroffen. Trotzdem haben wir sie nicht als „Opfer" dargestellt. Sie lächeln, grüßen, geben Signale und lösen eine Reaktion aus. Damit beginnt der Dialog. Manchmal ist es die Irritation, die am Anfang steht, wenn Erlebnisse und Bilder in den Köpfen auseinander klaffen. Ein Kollege berichtete von einer überraschenden Begegnung mit einem Verkäufer der Berliner Straßenzeitung. Recht unwirsch und in Eile habe er gesagt, er wolle nichts, worauf ihm der Verkäufer freundlich einen guten Tag wünschte. Der Kollege ging danach zu einer Besprechung und dachte noch lange über diese Situation nach. Die Rollen waren vertauscht, nicht er als Mitarbeiter der Caritas, der Mensch am Rande war hier derjenige, der dialogbereit war.

Barbara Fank-Landkammer

Authentische Plakate – Die Kampagne
„Soziale Manieren für eine bessere Gesellschaft"

Es geht der Kampagne nicht um Idealisierung. Natürlich gibt es auch den unfreundlichen, aufdringlichen Straßenverkäufer. Es geht um Wahrnehmung und um eine innere Haltung. Was macht es so schwer, den Obdachlosen zu grüßen, der jeden Tag an der gleichen Ecke in der Fußgängerzone mit seinem Kaffeebecher sitzt? Was kostet ein absichtsloses Lächeln?

In unserem TV-Spot begleitet der Zuschauer einen obdachlosen Menschen in Berlin. Dieser ist alt, die Tüten fallen ihm immer wieder aus den Händen. Mitten im Gedränge und Geschiebe stört er, weil er im Weg steht. Er ist ein leichtes Opfer, wird zum Blitzableiter für schlechte Laune oder einfach übersehen. Plötzlich durchbricht ein Mädchen die Unachtsamkeit. Sie bleibt stehen, lächelt den Obdachlosen an – schüchtern und doch sehr präsent. Es ist ganz wenig und doch ist es so viel. Das Strahlen des alten Mannes, seine Überraschung spricht Bände. „Tief im Herzen wissen wir alle, was richtig ist", steht am Ende des Spots. Eine Botschaft, die ankommt.

Dazu eine kleine Anekdote von den Dreharbeiten, die mir immer wieder einfällt, wenn die Sprache auf den TV-/Kinospot kommt. Eine Filmsequenz spielte auf einer Brücke. Jugendliche Halbstarke rempelten den Obdachlosen an, sein Gepäck fiel herunter. Die Kamera nahm die Sequenz aus einem fahrenden Auto auf. Eine Passantin beobachtete die Szene. Sie erkannte die Fiktion nicht, ging spontan auf den vermeintlich Obdachlosen zu, nahm ihn in den Arm und sagte: „So kann man nicht mit Menschen umgehen." Soziale Manieren für eine bessere Gesellschaft! Es war viel von Respekt die Rede bei dieser Kampagne. Respekt als eine (demokratische) Grundhaltung gegenüber jedem Menschen. Respekt auch vor den „Leistungen" der Menschen am Rande. Oder wer würde freiwillig seinen Lebensunterhalt mit 345 Euro im Monat bestreiten? 2009 waren Landtags- und Kommunalwahlen, Europawahl und die Bundestagswahl. Die Caritas verstand ihre Kampagne auch als eine politische. Wie werden Politiker im Wahljahr über arme Menschen reden? Sind sie Sündenböcke, um Wählerstimmen zu bekommen? Die Debatte nach dem Motto „Wer Hartz IV erhöht, fördert die Tabak- und Alkoholindustrie", angestoßen vom Bundesvorsitzenden der Jungen Union, Philipp Mißfelder, oder Äußerungen des früheren Berliner Senators Sarrazin, man solle einen Wollpullover tragen, wenn man die gestiegenen Heizkosten nicht bezahlen könne, gingen in diese Richtung.

Vorurteile sind langlebig. Die Caritas setzte auf Differenzierung und Information. Sie schuf ein Forum mit O-Tönen von Menschen, die wissen, was Armut ist. Das Weblog blog.soziale-manieren.de wurde täglich von 90 bis 125 Personen besucht. Dort lasen sie Beiträge von Frauen, die ihre Familie mit Hartz IV über die Runden bringen. Von Menschen, die eine Sucht überwunden hatten oder noch unter ihr litten. Der Alltag im Gefängnis war genauso Thema, wie Reflektionen über die Auswirkungen der Sozialpolitik. Neben den Betroffenen berichteten auch Sozialarbeiter und Freiwillige über ihre Begegnungen. Immer wieder ging es um Hoffnung, Enttäuschung, Ende und Neuanfang – um das Leben. Hier einige ausgewählte Auszüge:

Maria Keller

Maria Keller (Pseudonym) schreibt über den Abschied von ihrer Mutter, während sie selbst inhaftiert war:

Am Valentinstag 2007 bekam ich die Nachricht vom Tod meiner Mutter. Es wurde mir erlaubt, diese Nacht bei einer Mitgefangenen zu verbringen. Auch der Seelsorger der JVA fragte am kommenden Tag nach meinem Befinden. Doch wie im normalen Leben musste alles seinen Weg gehen. Als einziges Kind hatte ich nun die Pflicht, einen Totenschein zu beantragen und die Wohnung, Versicherungen, Bankverbindung und so weiter zu kündigen und die Beerdigung zu organisieren. [...]

Die Beerdigung machte mir größere Probleme. Meine Anfragen bei Beerdigungsinstituten blieben erfolglos, da ich durch meine persönliche Lage und die private Insolvenz nicht zahlungsfähig war. Das Bestattungsamt weigerte sich, die Bestattung zu übernehmen, weil ich als Nachkomme von Rechts wegen dafür zuständig sei. Also benötigte ich Hilfe durch den Sozialdienst der JVA.

Etwa eine Woche nach dem Tod meiner Mutter schrieb ich einen Rapportzettel mit der Bitte um den Besuch einer Beamtin des Sozialdienstes. Wie viele Rapportzettel ich letztendlich schrieb, weiß ich nicht mehr. So vergingen mehrere Wochen. Nacht für Nacht wachte ich auf, schweißnass gebadet und hatte von Mutters Leiche in der Kühlung geträumt.

Als auf dem Weg zum Arbeitsbetrieb der JVA die Beamtin des Sozialdienstes, der wir zufällig begegneten, mich vor all meinen Mitgefangenen, fragte, ob ich schon einen Totenschein beantragt hätte. Ohne Worte... In der darauffolgenden Woche wurde ich ins Büro des JVA-Pfarrers gerufen. So wütend hatte ich ihn noch nie erlebt. Er warf den Stapel Papiere auf seinem Schreibtisch um, und rief zornig aus, dass diese Arbeit die des Sozialdienstes sei. Dass die Dame des Sozialdienstes mal eben auf Weiterbildung fahren würde, um ihm dann ihre ganze Arbeit aufzuhalsen.

Ich trug ihm meine für mich unlösbaren Sorgen vor. Auch er versuchte den Weg, telefonisch über ein Beerdigungsunternehmen und dann den Weg über das Bestattungsamt die Beerdigung zu regeln. Er erhielt die gleichen Auskünfte wie ich vorher schriftlich. Erregt rief er im Amt des Bürgermeisters an, schilderte die Situation und drohte, diesen Frevel zu veröffentlichen. Endlich war ein Stein ins Rollen gebracht...

Tags darauf hatten wir die Zusage des Bestattungsamtes, dass die Kosten für die Beerdigung getragen werden würden. Allerdings nur die einfachste Art der Bestattung. Meine Mutter konnte leider nicht im Familiengrab bestattet werden. Sie wurde verbrannt und bekam ein einfaches Holzkreuz auf ihr Grab als sie zwei Monate nach ihrem Tod endlich bestattet werden konnte. Der Pfarrer der JVA organisierte einen Gottesdienst in ihrer Pfarrgemeinde, den er selbst hielt. Auch bei der Bestattungszeremonie war er zugegen und hielt eine kleine Rede, die ich mit ihm vorbereitete. (Eintrag am 18.03.2009)

Sigrid H.

Sigrid H. ist Frührentnerin, war drogen- und tablettenabhängig und sitzt im Rollstuhl. Ihr rechter Unterschenkel wurde nach einem Motorradunfall amputiert. Arthrose und Nervenschmerzen quälen sie. Als Schmerzpatientin ist sie in Pflegestufe 2. Aus zwei Ehen hat sie vier Kinder, der Jüngste ist elf. Seit neun Jahren lebt sie allein. Sigrid H. ging – ermutigt durch das Schreiben im Blog – an die Öffentlichkeit und berichtete der lokalen Presse über ihre Situation. Danach schreibt sie:

Hallo ihr Lieben da draußen, habe lange nicht geschrieben. Weiß gar nicht, wo ich ansetzen soll. Also einen Tag nach der Konfirmation habe ich von einer Bekleidungskette Gutscheine geschenkt bekommen, man kann sich gar nicht vorstellen, wie wir uns gefreut haben – besonders die Kleinen haben sich tierisch darüber gefreut. Sollte zwar ein Geschenk zur Konfirmation sein, aber als der Brief erst danach ankam, konnten wir uns neue Sommersachen usw. anschaffen. Ich danke meinen Engeln und Gott dafür und besonders dieser netten Firma.

In unserer Tageszeitung wird diese Webseite mit den Tagebüchern vorgestellt und ich durfte mein Leben schildern, bin gespannt wie dieser Artikel wird. Ich kann mich immer nur wiederholen: Seid nicht still, sagt eure Meinung und kämpft für euch, für andere und für einen gerechteren Staat. Wir, die am Rande der Gesellschaft leben, sind kein Abschaum! Und auch wenn viele Politiker es gerne anders hätten: Wir können denken! (Eintrag 08.05.2009)

Drei Tage später ist von ihr zu lesen:

Meine Gedanken sind seither (seit dem Bericht in der Zeitung, Anm. d. Redaktion) wie in Watte gepackt. Ich weiß, dass viele Menschen es nicht verstehen werden, dass ich mein Leben in die Öffentlichkeit stelle. Es ist mir absolut nicht leicht gefallen und ich muss auch mit negativer Kritik rechnen. Aber wenn ich nichts mache und nur zuschaue, was in und mit unseren Staat passiert, dann könnte ich nur kotzen. Viele Menschen können mit Menschen, die am Rand der Gesellschaft leben nichts

anfangen. Sie meinen, wenn derjenige, der abhängig ist, in eine Therapie
geht und hinterher arbeitet, dann ist er geheilt. Wer keine Arbeit oder
Schulden hat, der ist selber Schuld.

Wer obdachlos ist, hat die Arschkarte sowieso und ist Abschaum. So
what? Viele merken allerdings, wie schnell man in die Hartz-IV-Falle
kommt. Der Abstieg kommt dann ziemlich schnell. Selbst wenn man ver-
antwortlich ist für sein Leben und es läuft nicht alles "rund", so sind wir
ein Teil dieses Staates und ich möchte nicht eines Tages in meinen Bett
liegen und denken "das war es". Ich finde, selbst wenn ich es mir nicht
leicht gemacht habe im Leben, so habe ich trotz allem schon viel für mich
und meine Kids erreicht. Und auch wenn ich im Rollstuhl sitze, möchte
ich noch viel mehr lernen vom Leben ohne Drogen und Abhängigkeit,
mich selber kennen lernen und wieder lernen zu „fühlen", einfach nur
die Leere aus meinen Körper zu bekommen. (Eintrag 11.05.2009)

Christina W.

Christina W. lebt mit ihrem Mann und drei Kindern im Alter von 18,
16 und 15 Jahren von Hartz IV. Aus dem Tagebuch von Christina W.:

Wir sind froh, dass wir im Moment für die Familie da sein können,
aber natürlich fehlt es beim Geld immer mal wieder. Wir wollen den Kin-
dern ja auch mal was bieten und nicht immer nein sagen, wenn sie Wün-
sche haben. Es ist schlimm für die Kinder, dass sie nicht wie ihre Freunde
weggehen oder sich mal etwas Schönes kaufen können, da wir uns nur
ein kleines Taschengeld leisten können – und selbst das nicht immer.

Und wenn die Kinder selbst etwas bekommen, wie unser Sohn sein
Lehrgeld, wird es gleich wieder vom Amt abgezogen. Da verstehe ich es
gut, wenn viele Jugendliche nicht gerade motiviert sind eine Ausbildung
zu machen oder Arbeit zu finden.

Wir würden ihnen ja auch gerne mit gutem Beispiel vorangehen, aber
es wird einem schwer gemacht. Was kann man dafür, wenn man halt
etwas älter ist oder nicht so gesund. Ich finde es ungerecht, dass es immer
wieder heißt, die Arbeitslosen wollen ja nicht arbeiten, dabei wollen wir
doch – aber kein Arbeitgeber will uns einstellen.

Ich würde mir wünschen, dass die Leute sich mehr entgegenkommen
und mehr Verständnis füreinander haben, statt aufeinander herum zu

---

hacken. *Wir jedenfalls tun, was wir können und machen das Beste aus unserer Situation.* (Eintrag am 26.10.2009)

Das Weblog ist nicht nur eine Einbahnstraße. Christina W. erhält drei Antworten von Menschen, die ähnliches erlebt haben. Zwei davon seien hier zitiert:

> *Es scheint so das es einfacher ist zu sagen das alle nicht arbeiten wollen oder das alle Ausländer klauen oder das alle Jugendlichen randalieren / trinken. Warum sagt man nicht mal es gibt sehr viel die gerne arbeiten wollen, aber der Arbeitsmarkt gibt das nicht mehr her, weil... Warum hat man nicht mehr den Mut zu seiner Meinung zu stehen, zu seiner eigenen Meinung und nicht zu der, die man den ganzen Tag vorgesagt bekommt. Wäre es nicht viel einfacher, wenn man zu seiner Meinung stehen würde, auch wenn das dann mal nicht ganz so einfach ist?? - Michael F.*

> *Sehr geehrte Damen und Herren,*
> *Immer wieder sagt man Arbeitslose wollen nicht arbeiten. Vorsicht da man so wieder alle über einen Kamm schert. Ich selbst war immer mal wieder in der Situation dass ich arbeitslos war. Es ist ein mieses Gefühl wenn man doch will und nicht darf!*
> *Mit freundlichen Grüßen! - Lars D.*

Für den Deutschen Caritasverband war Mitte 2008 die Idee, einen Blog in das Zentrum der Kampagne „Soziale Manieren für eine bessere Gesellschaft" zu stellen, Neuland. Wir entschieden uns für einen redaktionell betreuten Blog und haben damit sehr gute Erfahrungen gemacht. Die Tagebucheinträge tragen viel dazu, dass Armut konkret nachvollziehbar wird. Sie bekommt ein Gesicht und ist nicht nur eine Zahl in der Statistik.

Wenn diese Kampagne dazu beigetragen hat, dass Brücken zwischen den wohlhabenden und ärmeren Gruppen in Deutschland geschlagen wurden, haben wir das Ziel unserer Anwaltschaftlichkeit erreicht. Der Dank an alle, die mit ihren Beiträgen und Aktivitäten zu diesem Brückenschlag beigetragen haben, ist ein ehrlicher.

Barbara Fank-Landkammer

Meine Notizen und Ideen zum Thema:

„Ohne Pressefreiheit bleiben Opfer unsichtbar" – Wirkungsvolles Campaigning von Nichtregierungsorganisationen am Beispiel von Reporter ohne Grenzen e.V.

Ingrid Holzmayer, Reporter ohne Grenzen e.V.

Wie kann eine kleine Nichtregierungsorganisation (NRO) mit beschränkten Ressourcen in kurzer Zeit eine erfolgreiche Kampagne lancieren? Geht das überhaupt? Eine Annäherung an modernes Campaigning am Beispiel der Kampagne „Ohne Pressefreiheit bleiben Opfer unsichtbar" von Reporter ohne Grenzen e.V.

Hintergrund: Wer sind „Reporter ohne Grenzen"?

1985 im südfranzösischen Montpellier von einer Handvoll Journalisten gegründet, ist Reporter ohne Grenzen (ROG) heute eine weltweit agierende Menschenrechtsorganisation. Ein Netzwerk aus über 130 Korrespondenten, neun Sektionen und vier Büros setzt sich rund um den Globus für Meinungs- und Pressefreiheit ein, recherchiert und dokumentiert Verstöße gegen dieses Menschenrecht und unterstützt verfolgte Journalisten und Medien. Hauptsitz ist in Paris. Seit 1994 ist die deutsche Sektion von Berlin aus tätig.

Mit gezielten Kampagnen macht Reporter ohne Grenzen auf Verstöße gegen die Pressefreiheit aufmerksam und leistet gleichzeitig dauerhafte Aufklärungsarbeit. Presse- und Meinungsfreiheit sind die Voraussetzung für eine faire und demokratische Gesellschaft. Informationen sind immer der erste Schritt zu Veränderungen. Wo Medien nicht über Unrecht, Machtmissbrauch oder Korruption berichten können, finden auch keine öffentliche Kontrolle, keine freie Meinungsbildung und kein friedlicher Ausgleich von Interessen statt.

**Pressefreiheit ist ein teures Gut.
Aber kein kostspieliges.**

Schon mit 5,50 Euro im Monat unterstützen Sie
unseren Einsatz für freie Berichterstattung.

15 Jahre

Spendenkonto: 5667777080
BLZ: 10090000   Berliner Volksbank
www.reporter-ohne-grenzen.de

**REPORTER
OHNE GRENZEN**
FÜR PRESSEFREIHEIT

*Reporter ohne Grenzen setzen sich weltweit
für die Presse- und Meinungsfreiheit ein*

Wenn Journalisten in ihrer Arbeit bedroht werden, werden Menschenrechte bedroht. Es gibt keine Freiheit ohne Pressefreiheit. Und ohne Pressefreiheit bleiben Opfer unsichtbar. Diese Botschaft wollte die deutsche Sektion von Reporter ohne Grenzen im Jahr ihres 15-jährigen Bestehens kommunizieren und dafür die Öffentlichkeit mobilisieren.

Kampagnen früher und heute

Kampagnen sind Feldzüge. Parteien, Firmen, Agenturen und Nichtregierungsorganisationen ziehen aus, um gewählt zu werden, Produkte zu verkaufen, Branding zu betreiben, den aktiven oder passiven Bekanntheitsgrad zu erhöhen und um Geld, Unterschriften, Zeit und Beziehungen zu akquirieren.

NROs verfügen dabei über die kleinsten Heere mit der schlechtesten Ausstattung. Auch wenn sich mit der gesellschaftlichen Anerkennung von Spendenorganisationen, mit steigenden Gehältern im Nonprofit-Bereich und dem Einzug marktwirtschaftlichen und werberischen Denkens die Art, wie NRO ihre Anliegen an die Öffentlichkeit bringen, grundlegend geändert hat.

Früher entstanden (viele) Kampagnen - die noch nicht so hießen, sondern schlicht „Protest" oder „Aktion" genannt wurden – in Gemeinschaftsarbeit. Zusammen malte, klebte und druckte man, verteilte Flugblätter, hielt Unterschriftenlisten mit Kaffeeflecken und viel Engagement unter die Nase von potentiellen Unterstützern.

Der Vorteil: Die Kampagnen waren günstig, authentisch und erstaunlich oft durchschlagend erfolgreich. Man denke nur an die fünf Millionen verkauften Jute-statt-Plastik-Taschen, an die unzähligen Unterschriften, die gegen den NATO-Doppelbeschluss oder für Robbenbabys gesammelt wurden. Der Nachteil: Der Erfolg lag oft nicht an den Kampagnen selbst, sondern daran, dass die Gesellschaft noch eine andere war – offener, bewegter, politischer. Und dies machte es irrelevant, dass man sich zuvor meist gar nicht überlegt hatte: Wer ist unsere Zielgruppe? Mit wie vielen Ressourcen wollen wir was erreichen? Wie lässt sich der (Miss-)erfolg messen? Wie können wir umschwenken, wenn sich ankündigt, dass eine Aktion nicht funktioniert?

Heute entstehen (viele) Kampagnen in Agenturen mit großen Fenstern und Parkett, kreativ umgesetzt von jungen Männern und Frauen mit Turnschuhen und Baumwollschals – natürlich immer vorausgesetzt, die NRO hat das Budget eine Agentur zu beauftragen. Die Ergebnisse sind vielfältig: von nachgebauten Flüchtlingslagern über Plakataktionen zu Veranstaltungen verschiedenster Couleur, rasanten Online-Aktionen und Kinospots. Die meisten Kampagnen nutzen so genannte Multi-Channel-Marketing-Ansätze, das heißt, sie kombinieren Online- und Offline-Maßnahmen und gruppieren je nach Geldbeutel und strategischem Ansatz - oder je nach Vorstandsgeschmack, das kommt bisweilen ebenfalls vor - verschiedene Instrumente und Maßnahmen.

Der Vorteil: Sie setzen zumeist strategisch an, sie sind evaluierbar und damit steuerbar. Sie verwenden Gedanken darauf, WEN die Kampagne erreichen und WIE dies passieren soll. Sie sind oft witzig, überraschend, bildschön gestaltet und „teasen" die Zielgruppe parallel auf Social-Media-Netzwerken an. Der Nachteil: Sie sind teuer. Und sie sind sehr oft erstaunlich erfolglos. Warum? Der Antworten gibt es viele: mediale Übersättigung, Politikverdrossenheit, der heiß umkämpfte Spendenmarkt, die Finanzkrise.

Ebenso viele Kampagnen entstehen aber ohne Agenturen und unter suboptimalen Voraussetzungen. Die Budgets sind zu niedrig, die Personalausstattung sowieso. Entweder man kennt seine Zielgruppe gar nicht so genau, oder man weiß nicht wirklich, wie man sie erreichen kann. Die Adressen in der Datenbank sind schlecht gepflegt und immer viel zu wenige. Die Pressearbeit ist unfokussiert. Die Materialien der Öffentlichkeitsarbeit sind nicht aufeinander abgestimmt und stoßen nur auf begrenztes Interesse.

Wie schafft man es nun als NRO, unter suboptimalen Ausgangsvoraussetzungen – mit kleinem Budget und beschränkten Ressourcen – eine schlagkräftige Kampagne zu entwickeln? Einige grundlegende Dinge sind dabei zu beachten:

- Man sucht sich einen Partner. Das kann eine NRO sein, mit der die Kampagne gemeinsam entsteht, und mit der man Zeit und Geld teilt. Das kann eine Agentur sein, die Interesse daran hat, pro bono oder für einen „politischen Preis" tätig zu werden.

- Man legt genau fest, was man erreichen möchte und in welcher Zeit.

- Man macht sich bewusst, wie immens aufwändig es ist, eine Kampagne in die Öffentlichkeit zu bringen, zum Beispiel die Recherche möglicher Kooperationspartner, deren Ansprache, die Abwicklung der Kooperation, Pressearbeit, Bedienen der eigenen Verteiler mit passenden Angeboten, Organisation der Veranstaltungen, das Finden geeigneter Themen und Referenten. Die Konsequenz daraus sollte sein, sich wenig vorzunehmen, diese Dinge dann aber gründlich zu machen.

- Man achtet darauf, nicht ausschließlich einkanalig zu kommunizieren (Plakate sind ein wunderbares Beispiel für eine kommunikative Einbahnstraße), sondern Menschen mehrkanalig anzusprechen und ihnen die Möglichkeit zu geben zu interagieren (online und offline, mit Petitionen, bei Mahnwachen, Kundgebungen, Veranstaltungen etc.).

Die Kampagne: „Ohne Pressefreiheit bleiben Opfer unsichtbar"

Als Beispiel kann die Kampagne „Ohne Pressefreiheit bleiben Opfer unsichtbar" von Reporter ohne Grenzen dienen. Die Ausgangsvoraussetzungen der Kampagne waren folgende: Die deutsche Sektion von Reporter ohne Grenzen feierte 2009 ihr 15-jähriges Jubiläum. Die Zeit drängte: Im Januar 2009 wurde die Kampagne beschlossen, der Kick-Off fand am 3. Mai 2009 - dem Internationalen Tag der Pressefreiheit - statt. Die Agentur Scholz & Friends beriet ROG pro bono und setzte die ausgewählten Maßnahmen zum Selbstkostenpreis um. Das Budget betrug 25.000 Euro.

Der Workload, um die Kampagne an die Zielgruppe zu bringen, wurde von einem Team von vier Vollzeitkräften geleistet, die nebenbei noch den Betrieb der deutschen Sektion von Reporter ohne Grenzen aufrechterhalten mussten. Ein fünfköpfiger ehrenamtlicher Vorstand unterstützte das Team bei Veranstaltungen und Moderationen. Der Claim der Kampagne war „Ohne Pressefreiheit bleiben Opfer unsichtbar". Dabei ging es darum, für Menschen erfahrbar zu machen, wie Willkür, Gewalt und Korruption zunehmen, wenn es keine freien Medien gibt, die über Missstände berichten. Die Kampagne sollte aufschrecken und dadurch zum Nachdenken und Handeln anregen.

Sie bestand aus zwei Teilen: Über klassische Kampagnenkanäle (TV-Spot, Anzeigen, Pressearbeit) wurde ein mediales „Grundrauschen" erzeugt, um auf dieser Basis die Attraktivität der flankierenden Dialog-Maßnahmen zu erhöhen. Sie reichten von einer erfolgreichen Petition für die Freilassung des afghanischen Journalisten Sayed Perwiz Kambachsch über eine öffentlichkeitswirksame Straßenaktion bis hin zu verschiedenen Kundgebungen und Veranstaltungen. Den Maßnahmen „Petition" und „Straßenaktion" kam eine herausragende Bedeutung zu. Letztendlich ging es darum, die Kampagne, die von Menschen zunächst einmal zweidimensional und passiv wahrgenommen wurde, mit Leben zu füllen.

Bei einer Petition zähle ich – als Individuum – tatsächlich. Ich mache einen, vielleicht den entscheidenden Unterschied. Denn jede einzelne Unterschrift erhöht die Wahrscheinlichkeit, dass das angestrebte Ziel – in diesem Fall die Freilassung eines Journalisten – erreicht wird. Außerdem sind Petitionen konkret. Es geht um eine bestimmte Person oder Sache. Und die Petition hat ein klares Ziel und in der Regel einen festgelegten Anfangs- und Endpunkt.

Als der afghanische Journalist Sayed Perwiz Kambachsch, für dessen Freilassung die Petition eintrat, im Sommer 2009 aus dem Gefängnis entlassen wurde, und wir dies den Petenten per E-Mail mitteilten, erhielten wir zahlreiche Rückmeldungen – diese gingen über ein simples „Das ist doch mal was Positives, vielen Dank!" bis hin zu „Keine Nachricht konnte mir so viel Freude breiten. Als eine Exiliranerin, die Repressalien im Iran erlebt habe, und mit einer fortlaufenden Repression auseinander gesetzt werde, schätze ich die wichtige Arbeit von Reporter ohne Grenzen. Danke Ihnen! (sic)". Was für das Team von Reporter ohne Grenzen wiederum ein wunderbares Feedback war.

Der Wert einer Straßenaktion ist ein anderer, hat aber ähnliche Effekte. Zuerst einmal stoßen Menschen auf etwas Ungewöhnliches – in unserem Fall war auf der Straße eine Art Käfig aufgebaut, in dem zerlumpte Gestalten saßen oder – im Jahr zuvor – eine Gefängniszelle, aus deren kleinen Fenstern sich Hände streckten, die Informationen über den Sinn der Installation verteilten. Menschen hielten inne und guckten, um diese unerwartete Situation einzuordnen.

Dies war der Zeitpunkt, an dem wir von Reporter ohne Grenzen aktiv wurden. Wir versuchten - zumeist erfolgreich - ins Gespräch zu kommen. Da die Menschen sofort spürten, dass ihnen nichts „angedreht" werden sollte, waren sie offen und stellten Fragen. Damit hatten wir weder die Welt verändert noch Spenden gesammelt, aber Dutzende Menschen hatten unsere Arbeit und unseren Einsatz für die Pressefreiheit kennengelernt.

Journalisten im Käfig - Öffentlichkeitswirksame Aktion am Brandenburger Tor

Die 15-Jahres-Kampagne der deutschen Sektion von Reporter ohne Grenzen war nun weit davon entfernt, ein besonders glamouröses Erfolgsbeispiel zu sein. Das Budget war zu klein und die Zeit für die Realisierung mit vier Monaten zu kurz. Aber sie hat die Dinge geschafft, die wir von ihr erwartet haben. Sie hat für eine solide mediale Aufmerksamkeit gesorgt. Alle Maßnahmen der Kampagne erreichten zusammengenommen in der Presse insgesamt eine Auflage von 5,2 Millionen. Die Zahl der Clicks auf der Website stieg um durchschnittlich 15 Prozent auf rund 60.000 an. Es wurden insgesamt rund 900 Adressen und über 100 Mitglieder gewonnen. Und: Wir haben unzähligen Menschen von unserer Arbeit erzählt.

Meine Notizen und Ideen zum Thema:

Die Initiative „Wert-volle Zukunft" – Eine crossmediale Kommunikations- und Fundraisingkampagne der Erzdiözese Freiburg

Udo Schnieders, Erzdiözese Freiburg

Neue Wege gehen

Wir leben in einer alternden Gesellschaft. Diese Erkenntnis ist nicht neu. Und doch ist es oft überraschend, wo überall diese Entwicklung spürbar wird. Auch die evangelische und die katholische Kirche in Deutschland sind betroffen. Die traditionell christlich sozialisierten Generationen werden alt, die nachwachsenden Generationen – und das gilt bereits für die Generation „50 plus" und erst recht für die Jüngeren – stehen der Kirche distanzierter gegenüber. Die Zahl der Gläubigen sinkt, die „Volkskirchen" werden leerer.

Die Konsequenzen sind vielschichtig. Die Bedeutung der Kirchen in der gesellschaftlichen Wahrnehmung geht zurück, ihre Verkündigung erreicht weniger Menschen. Es drohen auch finanzielle Probleme, weil die Kirchensteuer als tragende Finanzierungssäule kirchlicher Arbeit in den kommenden Jahren erheblich an Bedeutung verlieren wird.

Gleichzeitig werden die kirchlichen Hilfsangebote an vielen Stellen verstärkt nachgefragt: in der Weltkirche, aber auch vor der eigenen Haustür. Die Armutsdiskussion in Deutschland zeigt es deutlich: Das soziale Netz ist löchrig geworden. Viele kommen mit den staatlichen Leistungen allein nicht mehr über die Runden. Die Kirchen helfen mit einem umfassenden Angebot. Sie beraten in Lebenskrisen, sie betreiben Kindertagesstätten, Suppenküchen, Anlaufstellen für Obdachlose.

Sie ermöglichen Kindern und Jugendlichen eine sinnvolle Freizeitgestaltung, betreuen alleinstehende, kranke, alte und sterbende Menschen. Sie erhalten Baudenkmäler, fördern Musik und Künste, beteiligen sich an gesellschaftlichen Diskussionen, stehen ein für Werte und Überzeugungen.

Auch Menschen, die der Kirche nicht verbunden sind, schätzen häufig zumindest einen Teil dieser Leistungen. Doch wie soll Kirche sie – neben der Verkündigung der Frohen Botschaft – langfristig erfüllen, wenn die Zahl ihrer Mitglieder schwindet? Wo findet sie dann die Menschen, die sich in ihrem Sinne einsetzen, sei es haupt- oder ehrenamtlich? Wie soll sie ihre Angebote langfristig finanzieren?

Die Initiative „Wert-volle Zukunft" des Erzbistums Freiburg ist eine Antwort auf diese Fragen. Als crossmediale Kommunikations- und Fundraisingkampagne spricht sie gleichermaßen alte und neue Zielgruppen an und erschließt der katholischen Kirche im Erzbistum Freiburg neue Finanzierungsmöglichkeiten. Damit ist sie innovativ und wegweisend, nicht nur bezogen auf die in der Initiative enthaltenen Fundraisingelemente, sondern ebenso im Sinne der umfassenden Nutzung moderner – auch dialogischer – Kommunikations- und Marketingmöglichkeiten für kirchliche Themen.

Es geht um viel, nicht nur um Geld

Der Initiative ging die bewusste Entscheidung des Erzbistums Freiburg voraus, ein professionelles Fundraising einzuführen. Eine Entscheidung, die auch andere Bistümer teilen. Seit dem Jahr 2000 entdecken deutsche Bistümer sukzessive die professionelle Spenderwerbung, das Fundraising. Sie greifen damit eine Entwicklung auf, die auf dem deutschen Spendenmarkt in den letzten Jahrzehnten zu einer starken Professionalisierung und einem zunehmenden Wettbewerb geführt hat.

Während in den letzten Jahren in der evangelischen Kirche Fundraising weitgehend eingeführt wurde, ist dies in der katholischen Kirche bisher nur vereinzelt geschehen. Begonnen haben die Bistümer Hildesheim (2000) und Rottenburg-Stuttgart (2003), dann folgten die (Erz-)Bistümer Aachen (2005), Mainz (2006), Bamberg (2006), Freiburg (2006) und jüngst Köln und Münster (2007).

In Freiburg gibt es seit 2007 im Erzbischöflichen Ordinariat die Stabsstelle Fundraising. Sie soll die Professionalisierung des Fundraisings im Bistum vorantreiben. Dabei hat das Fundraising einen zweifachen Auftrag. Es soll helfen, die Arbeit der Kirche auf ein solides, zukunftsorientiertes finanzielles Fundament zu stellen. Gleichzeitig versteht das Erzbistum Freiburg Fundraising explizit als einen neuen kommunikativen Ansatz, um Menschen (wieder) zu erreichen, die dabei sind, den Kontakt zur Kirche auf den üblichen Wegen zu verlieren oder die ihn schon verloren haben.

Die Initiative „Wert-volle Zukunft" erfüllt in diesem Kontext die Funktion einer Dachmarken-Kampagne. Ihr Auftakt mit Pressearbeit und Großflächenplakaten im April 2009 war einerseits eine in sich geschlossene Imagewerbung für die katholische Kirche im Erzbistum Freiburg (indem die Initiative die Kirche generell und zusätzlich einzelne konkrete Aktivitäten in die breite Öffentlichkeit brachte). Andererseits bildet „Wert-volle Zukunft" als Marke das Dach für die Entwicklung des Spenden- und Stiftungswesens in der Erzdiözese.

Eine wesentliche Besonderheit der Initiative „Wert-volle Zukunft" ist die Tatsache, dass sie crossmedial kommuniziert, also unterschiedliche Medien und Kanäle zeitgleich für die Kommunikation nutzt. Neben Zeitungen, Radio und Internet kommen auch Anzeigen, Spendenbriefe, Faltblätter und Großflächenplakate zum Einsatz. Dabei sind alle Elemente vernetzt - zum Beispiel durch Querverweise oder den gleichzeitigen Einsatz. So erhöht die Verknüpfung die Prägnanz und Wahrnehmung der Initiative selbst wie auch die ihrer Botschaften.

Udo Schnieders

Doch der Reihe nach ...

Der Auftakt

Im April 2009 erfolgte der öffentliche Auftakt der Initiative „Wert-volle Zukunft". Sie begann mit einer Pressekonferenz mit dem Freiburger Erzbischof Dr. Robert Zollitsch, der die Initiative vorstellte.

Die Pressekonferenz fand an einem ungewöhnlichen Ort statt: im Café Velo am Freiburger Hauptbahnhof. Dort am Hauptbahnhof präsentierte der Erzbischof den Journalisten auch das erste Großflächenplakat. Es zeigte einen Berg und die Aufforderung „Versetz' ihn! Glaube macht stark". Dieses Motiv wurde ergänzt durch zwei weitere Motive. Das eine zeigte ein junges Paar, nur im Ausschnitt ihrer sich haltenden Hände erkennbar, mit der Aufforderung „Fühl' es. Nächstenliebe tut gut". Das andere Motiv zeigte zwei Kinder, eine Frau, einen jungen und einen älteren Mann, die alle gemeinsam an einem Strang ziehen mit der Aufforderung „Zieh' mit. Gemeinschaft zählt".

Versetz´ ihn! – Ein Plakatmotiv der Initiative „Wert-volle" Zukunft

Die Presseresonanz zum Start der Initiative war quantitativ weit über-durchschnittlich und inhaltlich ausschließlich positiv bis sehr positiv, in der kirchlichen wie in der säkularen Presse. Im Konradsblatt, der katholischen Kirchenzeitung im Erzbistum Freiburg, wurde die Aktion durch Anzeigen verstärkt.

Für die Großflächenplakate wurden 858 Standorte in 129 Orten ausgewählt. Kriterien für die Auswahl der Standorte waren die Zielgruppennähe, die Katholikendichte, die Großflächendichte, die Großflächenreichweite und relevante Umfelder. Die Plakate erreichten 55 Prozent der Bevölkerung über 14 Jahre (2,72 Millionen Menschen) und erzielten über 16,35 Millionen Blickkontakte.

Der Spendenbrief

Mit diesem Start erreichte die Initiative eine hohe Aufmerksamkeit – für sich selbst wie für die Kirche generell. Mitte April 2009 verschickte das Erzbistum Freiburg in dieser gut informierten Atmosphäre das erste bistumsweite Spenden-Mailing. Der Erzbischof persönlich wandte sich an 203.000 über 50 Jahre alte Katholiken der Diözese und bat um eine Spende für die 72-Stunden-Aktion des Bundes der deutschen katholischen Jugend (BDKJ).

Es gibt die 72-Stunden-Aktion seit 1993 - seit 1998 existiert sie auf Bundesebene unter dem Dach des BDKJ. Katholische Jugendgruppen realisieren in 72 Stunden ein soziales, interkulturelles, politisches oder ökologisches Projekt und zeigen so Engagement, Kreativität und Einfallsreichtum – vom Computerkurs im Altenheim bis hin zum Bau einer Schutzhütte für Wanderer. Die Spendenbitte wurde gehört. 179.000 Euro konnten in soziale Projekte der 72-Stunden-Aktion fließen. Ein Erfolg, mit dem in dieser Größenordnung niemand gerechnet hatte.

Infotelefon und Reaktionen

Es war im Vorfeld schwer abschätzbar, inwieweit die Initiative und insbesondere das Spendenmailing zu (ablehnenden) Reaktionen führen würden. Deshalb wurde ein Infotelefon als Anlaufstelle eingerichtet. Die Einrichtung erfolgte sowohl technisch wie auch inhaltlich-qualitativ vorausschauend, so dass jetzt im Erzbistum ein neues Dialog- und Bindungsinstrument zur Verfügung steht, das sowohl außerhalb von Fundraisingkontexten als auch über die Initiative „Wert-volle Zukunft" hinaus genutzt werden kann.

Die Mitarbeiter am Infotelefon waren auf ihre Aufgabe intensiv vorbereitet worden. Dazu hatte sich das Bistum im Vorfeld sehr bewusst mit möglichen kritischen Aspekten der Initiative befasst: Muss und darf Kirche so offensiv auftreten? Darf Kirche um Geld bitten? Sind die Leistungen der Kirche wirklich so gut, wie sie selbst es glaubt und durch die Initiative glauben macht?

Erwartet wurden bis zu 1.020 Rückmeldungen allein auf das Mailing. Tatsächlich lag die Reaktionsquote jedoch bei lediglich 0,05 Prozent (Reaktionen per Telefon, Brief und E-Mail). Das bestätigt die hohe Akzeptanz der Initiative.

Viele Briefeschreiber nutzten die durch das Mailing hergestellte Kontaktmöglichkeit zum Bistum für teils sehr persönliche Anliegen. Alle Schreiben wurden durch für diese sensible Aufgabe pastoral qualifizierte Mitarbeiter des Ordinariats beantwortet. Hier bestätigte sich, dass die Initiative in der Tat neue Zugangswege zu den Menschen schafft.

Interne Kommunikation

Dem Start der Initiative vorausgegangen war eine intensive interne Kommunikation der geplanten Maßnahmen. Dazu gehörten gleichermaßen eine kontinuierliche, offene und transparente Darstellung aller Einzelmaßnahmen wie auch die Begründung des Vorgehens und eine offene Auseinandersetzung, auch hier mit kritischen Rückfragen.

Internet-Spenden

Im Rahmen des Auftakts von „Wert-volle Zukunft" wurde auch ein auf die Spenderkommunikation hin optimierter Internetauftritt mit einem Online-Spenden-Modul realisiert (www.initiative-wertvolle-zukunft.de). Damit wurde für das Erzbistum ein völlig neuer Spendenkanal geschaffen.

Stiftungsinitiative

Im Anschluss an die Auftaktkampagne steht derzeit unter anderem die Stiftungsinitiative im Zentrum der Aktivitäten für „Wert-volle Zukunft". Die Stiftungsinitiative wirbt für die bestehenden diözesanen Stiftungen und für den Stiftungsgedanken in der Erzdiözese. Ziel ist es, die Gründung neuer Stiftungen anzuregen und Stifter und Zustifter zu gewinnen. Dazu wurde eine Wanderausstellung realisiert, die für Veranstaltungen im Bistum und in Kirchengemeinden ausgeliehen werden kann.

Valide Ergebnisse

Dass der Auftakt der Initiative „Wert-volle Zukunft" so erfolgreich verlief, ist kein Zufall. Alle Bestandteile der Auftaktkampagne wurden nach nachvollziehbar relevanten Kriterien ausgewählt und erprobt. Die Ergebnisse sind also nicht zufällig, sondern das Ergebnis strukturierter Qualitätsprozesse.

Entsprechend professionell erfolgte die Umsetzung der einzelnen Maßnahmen mit der Beteiligung qualifizierter externer Dienstleister. Schließlich zielt „Wert-volle Zukunft" auf Nachhaltigkeit.

Drei Leitideen tragen die Initiative „Wert-volle Zukunft":

- christliche Werte und kirchliches Engagement kommunizieren

- kirchliches Engagement für eine Zukunft bewusst machen, in der Glaube und christliche Werte unsere Gesellschaft prägen
- Menschen guten Willens einladen und um ihre aktive Mitwirkung bitten

Dazu wirbt die Initiative exemplarisch für konkrete kirchliche Projekte wie die 72-Stunden-Aktion des BDKJ.

Sie erreicht so Menschen, die nicht (mehr) zum Gottesdienst kommen und auch nicht (mehr) am Gemeindeleben ihrer Kirchengemeinde vor Ort teilnehmen. Sie verlässt dafür bewusst die traditionellen Kommunikationswege und setzt auf – für die Kirche – neue Formen der Kommunikation und neue Kommunikationskanäle. Neben Printmedien, Radio, TV und Internet kommen Großflächenplakate, Anzeigen, Faltblätter, Spendenbriefe, Veranstaltungen, eine Ausstellung und ein Info-Telefon zum Einsatz. Alle eingesetzten Medien laden den Rezipienten zum Dialog ein. Dialogisch ausgerichtet sind unmittelbar Spenden-Mailing, Info-Telefon und der Internetauftritt.

Der Auftakt der Initiative „Wert-volle Zukunft" hat gezeigt, wie Kommunikation und Fundraising – professionell und crossmedial genutzt – das Bild der Kirche in der Öffentlichkeit gestalten und für die Kirche eigene Themen setzen können. An diese Erfolge ist jetzt weiter anzuknüpfen.

Nachsatz

Das Erzbistum nimmt seine Verpflichtung aus der Einführung eines professionellen Fundraisings sehr ernst. Der Aufbau einer Dankeskultur, die die Gabe des Spenders angemessen würdigt, Transparenz und Rechenschaft sind selbstverständlich. Als ein Beispiel sei hier erwähnt, dass das Erzbistum Freiburg als erste deutsche Diözese 2009 seinen ersten Spendenbericht veröffentlicht hat. Der Spendenbericht des Erzbistums, analog zum Geschäftsbericht für das Haushaltsjahr 2006/2007 erstellt, ist erhältlich unter www.erzbistum-freiburg.de/spenden.

Meine Notizen und Ideen zum Thema:

Dialog im Spannungsfeld interner und externer Kommunikation – Das Beispiel „Aktion Deutschland Hilft"

Manuela Roßbach, Aktion Deutschland Hilft
Ursula Kapp-Barutzki, CARE Deutschland-Luxemburg

Katastrophen im Ausland werden in den deutschen Medien und der deutschen Öffentlichkeit unterschiedlich intensiv wahrgenommen. Eine wichtige Rolle spielt dabei, in welchem Land sich die Katastrophe ereignet hat, und wie nah das Geschehen an die Erfahrung des Betrachters reicht. Katastrophen, die in doppeltem Sinne weit weg vom Betrachter sind - d.h. sich in einem fernen Land ereignet haben und zu denen der Betrachter wenig Empathie oder Verständnis aufbauen kann - scheinen weniger interessant zu sein. So erhielt z.b. das Erdbeben in Aquila (Italien) im April 2009 wesentlich mehr Medienaufmerksamkeit als das Erdbeben Anfang September in Indonesien.

Aktion Deutschland Hilft ist das erste Bündnis bekannter Hilfsorganisationen, das sich seit 2001 für die Hilfe bei Katastrophen im Ausland – vor allem in Entwicklungsländern – zusammengeschlossen hat, um gemeinsam schneller zu helfen. Die Aufgabe des Aktionsbüros in Deutschland ist es, über die Hilfeleistungen der Mitgliedsorganisationen zu informieren und dabei das gemeinsame Spendenkonto zu kommunizieren, mit dem die Öffentlichkeit um Unterstützung der wichtigen Arbeit gebeten wird. Derzeit leisten insgesamt 18 Organisationen Katastrophenhilfe über Aktion Deutschland Hilft. Auf der Website www.aktion-deutschland-hilft.de sind die Bündnismitglieder vollständig zu finden. Die gemeinsame Organisation der Hilfeleistungen dient dazu, in der akuten Notsituation die Kräfte zu bündeln und Synergien zu nutzen, um schnelle Hilfe für die Betroffenen vor Ort zu ermöglichen. Insbesondere die gemeinsame Kommunikation eines Spendenkontos trägt dazu bei, der

Öffentlichkeit in Deutschland Orientierung für eine schnelle Wirksamkeit ihrer Spenden zu geben.

Bekannt wurde das Bündnis im Zusammenhang mit dem Tsunami 2004, der weltweit eine nie dagewesene Welle der Unterstützung auslöste. In Deutschland entschieden sich rund 1,5 Millionen Spender mit einer Spendensumme von gut 125 Millionen Euro für Aktion Deutschland Hilft, darunter auch viele große und kleine Unternehmen sowie Initiativen, die die Arbeit der Bündnispartner in der Tsunami-Region unterstützten.

Seitdem hat Aktion Deutschland Hilft bei 18 Katastrophen zu gemeinsamen Hilfskampagnen für Länder in den Regionen südöstliche USA, Südasien, Südostasien, Naher Osten, Lateinamerika, Westafrika, Zentralafrika und südliches Afrika aufgerufen. Die Hilfskampagnen verliefen alle sehr unterschiedlich, prinzipiell sind allerdings drei Arten zu unterscheiden:

- Naturkatastrophen sind in der Botschaft einfach. Die humanitäre Not ist leicht sichtbar, was auch in den Medienberichterstattungen zum Tragen kommt. Erdbeben oder Seebeben kommen plötzlich, ohne große Vorwarnung, und lassen unschuldige Menschen Opfer von Naturgewalten werden. Je länger die Berichterstattung in den Medien andauert und je emotional ergreifender das Bildmaterial von der Katastrophe ist, desto eher scheinen Leser, Zuschauer und Zuhörer bereit, sich dem Thema zuzuwenden – und in Folge, dann auch zu spenden. Im Falle des Tsunami 2004 spielten bei der Berichterstattung sicherlich die Intensität der Bilder aus Thailand und Indien und die Geschichten über schuldlos zu Tode gekommene Opfer eine große Rolle bei der Kommunikation in den Medien.

- Bei Naturkatastrophen in Ländern mit restriktiven Regimen kann das Medienecho enorm sein – wie z.B. 2008 bei der durch den Zyklon Nargis in Myanmar hervorgerufenen Katastrophe. Ein großes Medienecho bedeutet aber nicht immer, dass damit auch die Arbeit der Hilfsorganisationen unterstützt wird, teilweise ist das Gegenteil der Fall: So titelte die Süddeutsche Zeitung am 9. Mai „Militärregime beschlagnahmt Hilfsgüter", die Frankfurter Allgemeine sprach von einer „Verhöhnung

Manuela Roßbach, Ursula Kapp-Barutzki

der Opfer" und tagesschau.de berichtete am 18. Mai, dass noch immer „Hunderttausende Menschen ohne Hilfe" seien. Diese Berichte führten zu einer eher kritischen Haltung der Spender in Deutschland, nur sehr wenige Menschen spendeten für die Arbeit der Hilfsorganisationen zu Beginn der Kampagne. In der Tat stellte die Versorgung der Nargis-Opfer Aktion Deutschland Hilft vor extreme Herausforderungen. Dennoch war Hilfe von Anfang an möglich – trotz aller Schwierigkeiten und vor allem durch über 1000 lokale Mitarbeiter der Bündnispartner. Eine Tatsache, die zu Beginn in den deutschen Medien weitgehend ausgeblendet wurde. Erst nach und nach gelang es, die Öffentlichkeit über die laufende Arbeit der Mitgliedsorganisationen zu informieren. Als nach einiger Zeit in der deutschen Öffentlichkeit deutlich wurde, dass Hilfe seit Anfang an geleistet wurde und weiterhin geleistet werden kann, begannen Menschen verstärkt zu spenden. Das Beispiel zeigt, wie volatil die Kommunikation über Katastrophen sein kann. Für Hilfsorganisationen, die in der Katastrophenhilfe arbeiten, ist es aber unabdingbar, mit den Medien zusammenzuarbeiten und ihre Reichweite zu nutzen.

- Schließlich ist die Informationslage bei politisch motivierten Katastrophen, wie es Bürgerkriege sind (z.B. Sri Lanka, Anfang 2009) häufig so komplex, dass einfache klare Botschaften schwierig zu formulieren sind. Unter diesen Voraussetzungen gelingen auch Hilfsorganisationen nicht immer eindeutige Positionierungen in den Medien und die Spendenappelle für die notleidende Bevölkerung werden überlagert von politischen Bewertungen der Situation. Der breiten Masse der Leser, Zuschauer und Zuhörer fällt es bei Katastrophen infolge von Bürgerkriegen zunehmend schwer, sich zu orientieren und für die Betroffenen vor Ort zu engagieren.

Um diese Aufgaben im Rahmen der Aktion Deutschland Hilft gemeinsam zu bewältigen, bedarf es eines intensiven Dialogs, sowohl mit der Öffentlichkeit (extern) als auch mit den einzelnen Partnerorganisationen (intern). Diese kommunikativen Herausforderungen sollen im Folgenden dargestellt werden.

Herausforderungen für die externe Kommunikation

Die externen Herausforderungen für ein Bündnis von Hilfsorganisationen sind vielfältig. Zum einen sehen sich Hilfsorganisationen im medial begleiteten Katastrophenfall einem starken Wettbewerb ausgesetzt, in dem jede Organisation nach Unterstützung in Form von Spenden für ihre eigenen Projekte sucht. Entsprechend begehrt sind Zugänge zu Medien, die helfen, das eigene Thema in der Öffentlichkeit zu kommunizieren und die Kontonummer für Spender gut sichtbar zu platzieren. Der Wettlauf um die Nennung der eigenen Kontonummer in den deutschen Medien und die Darstellung der Hilfeleistung der eigenen Organisation wird jedoch der großen humanitären Aufgabe, den betroffenen Menschen schnellstmöglich Hilfe zukommen zu lassen, nicht gerecht. Diesem Gedanken will Aktion Deutschland Hilft mit der Bündnisstruktur entgegen wirken.

Zum anderen zeigt die Erfahrung der letzten Jahre, dass Hilfsorganisationen, die über aktuelle und glaubwürdige Informationen, Bilder und deutsch sprechende Experten verfügen, von Nachrichtenmedien sehr gern als Informationsquelle und Gesprächspartner genutzt werden. Daher wundert es nicht, dass Hilfsorganisationen, deren Mitarbeiter vor Ort sind und über gute Kultur- und Landeskenntnisse verfügen, sich selbst als Informanten anbieten. Die Informationen über Hergang der Katastrophe, Lage vor Ort und Situation der Betroffenen werden recherchiert und an die Kommunikationsabteilungen der Organisationszentralen weitergeben. Die Information wird dort aufbereitet und den Printmedien, dem Radio, Fernsehen und den Online-Diensten zur Verfügung gestellt.

Die Positionierung in den Medien erfordert neben Sachverstand und gut funktionierenden Netzwerken auch Schnelligkeit und die Fähigkeit zur Kommunikation. Aktion Deutschland Hilft kann in der Katastrophe auf einen Pool von mediengeschulten Mitarbeitern und Kommunikationsspezialisten zurückgreifen, deren Aufgabe es ist, den Sachverhalt in die Öffentlichkeit zu kommunizieren.

Herausforderungen für die interne Kommunikation

„Gewaltiger Zyklon über Birmas Küste gefegt. Opferzahl noch unbekannt." Eine Textnachricht gesendet vom Handy des Pressereferenten an die Geschäftsführung leitet eine Reihe von geübten internen Abläufen zu Beginn einer Hilfskampagne ein, die Aktion Deutschland Hilft zusammen mit den Mitgliedsorganisationen für die Betroffenen von Erdbeben, Seebeben oder anderer Naturkatastrophen und extremer Notsituationen durchführt.

Sich ein umfassendes und valides Bild von der Lage vor Ort machen können und zu verstehen, was wirklich vor Ort geschehen ist, das ist der wichtigste Punkt beim Start einer Hilfskampagne. Daher beginnen die internen Kommunikationskanäle auf Hochtouren zu laufen, sobald das Aktionsbüro die Nachricht über eine Katastrophe größeren Ausmaßes erhält: Die Mitarbeiterinnen und Mitarbeiter der Mitgliedsorganisationen vor Ort sind die erste Informationsquelle. Häufig sind es die lokalen Angestellten, die die deutschen Mitarbeiter mit Erstinformationen versorgen. Sie kennen sich hervorragend in der jeweiligen Region aus, sind mehrsprachig und kennen die lokale Kultur. Weitergehende Informationen werden von allen verfügbaren Ressourcen eingeholt, von globalen Katastrophenwarnsystemen, von lokalen und internationalen Medien und von befreundeten Bündnissen und Organisationen, die ebenfalls in der Katastrophenregion präsent sind.

Im Katastrophenfall wirkt das Aktionsbüro als Kommunikationsdrehscheibe. Es sammelt die notwendigen Informationen über die Situation der Betroffenen bei den Mitgliedsorganisationen vor Ort, notwendige Hilfsmaßnahmen werden besprochen, Informationen werden verifiziert, Kollegen werden auf Bereiche hingewiesen, in denen es noch keine Hilfsleistungen gibt. Darüber hinaus besteht durch regelmäßig stattfindende Abstimmungs- und Koordinierungstreffen die Möglichkeit, sich bei der Umsetzung von Hilfsmaßnahmen stärker zu unterstützen – es kommt nicht selten vor, dass zwei oder auch drei Mitgliedsorganisationen ihren Beitrag für ein gemeinsames Projekt leisten und so Synergien herstellen. Das war z.B. der Fall in Myanmar, als die Adventist Development and Relief Agency (ADRA) bereits vor Ort tätig war und zusammen mit den

Johannitern und dem Arbeiter-Samariter-Bund Hilfsmaßnahmen umgesetzt hat.

Eine weitere Aufgabe des Aktionsbüros besteht darin, die vorhandenen Informationen und Bilder in verständlicher Form aufzubereiten und diese auf der Website einzubinden und sie an Medien, Unterstützer und Freunde weiterzugeben. Die Kommunikationsarbeit wird von dem Ziel begleitet, eine breite Öffentlichkeit in Deutschland zu erreichen.

Die Organisationsstruktur von Aktion Deutschland Hilft ist die eines gemeinnützigen Vereines, in dem alle Mitglieder gleichberechtigt sind und den gleichen Zweck verfolgen. Neben der rechtsverbindlichen Satzung gibt es ein Regelwerk, das die Zusammenarbeit untereinander regelt, das die Aufgaben, Pflichten und Rollen der Mitglieder und des Aktionsbüros beschreibt. An den Spenden darf nur partizipieren, wer ordentliches Mitglied ist, also die Mitgliedschaftskriterien erfüllt und den Satzungszweck erfüllt.

Unterstützung für die wichtigen Hilfeleistungen in den Katastrophengebieten erhält Aktion Deutschland Hilft in Deutschland von privaten Spenderinnen und Spendern, von Unternehmen und von assoziierten Mitgliedern. Diese werden selbst nicht in der Katastrophenregion tätig, spenden aber entweder Geld für die aktuelle Hilfsmaßnahme oder tragen anderweitig dazu bei, die Arbeit von Aktion Deutschland Hilft zu kommunizieren.

Wie bei anderen existierenden Bündnissen gilt auch für die Bündnispartner von Aktion Deutschland Hilft, dass sie einander vertrauen, sich untereinander vernetzen und auf der Grundlage gemeinsamer Werte wie Respekt, Toleranz, Vertrauen und Verlässlichkeit zusammenarbeiten. Die Mitgliedsorganisationen von Aktion Deutschland Hilft tauschen sich in verschiedenen Gremien regelmäßig aus und beraten hier auch die weiteren Entwicklungen des Bündnisses. Während der gemeinsamen Hilfskampagnen geben die Bündnispartner einen gewissen Grad an Handlungsfreiheit vor allem für die gemeinsame Kommunikation in die breite Öffentlichkeit auf.

Manuela Roßbach, Ursula Kapp-Barutzki

Außerhalb der Hilfskampagnen wendet sich Aktion Deutschland Hilft verschiedenen anderen Themen zu: vergessene Katastrophen, Klimawandel und Katastrophenprävention. Auch hierbei erfolgt eine enge Abstimmung mit den Belangen der Mitgliedsorganisationen.

Die Erfahrungen von CARE nach acht Jahren im Bündnis Aktion Deutschland Hilft

CARE Deutschland-Luxemburg war eine der drei Organisationen, die die Idee für das deutsche Bündnis aktiv vorantrieben. Der Beweggrund war vor allem die Erkenntnis, dass es Sinn macht, bei großen Katastrophen Synergien zwischen den Hilfsorganisationen herzustellen. Aber auch die Erkenntnis, dass die Kapazität einzelner Organisationen in der Katastrophenregion schnell erschöpft sein kann, trug zur Gründung von Aktion Deutschland Hilft bei. Schließlich wollte man den Spendern durch die Bereitstellung einer einzigen, leicht zu merkenden Kontonummer die Entscheidung zu spenden, erleichtern. Für CARE sind heute folgende Faktoren wichtig:

Wirksamkeit der Hilfeleistungen

Zum einen ist die Verbesserung der Wirksamkeit der eigenen Hilfeleistungen durch Schnelligkeit, Koordinierung und direkten Absprachen vor Ort mit den Bündniskollegen wichtig. Denn auch wenn jedes Mitglied in der Krisensituation mit seinen lokalen Partnern vor Ort seine spezifischen Aufgaben wahrnimmt, können durch die jahrelang in Deutschland trainierte Koordinierungs- und Informationsarbeit in der Krise sehr viel schneller Maßnahmen vor Ort abgestimmt werden: Wer ist betroffen? Wie kann geholfen werden? Wer macht was? Wo arbeiten die Kollegen? Mit wem arbeiten sie zusammen? Dies sind immer die Fragen der ersten Stunden nach dem akuten Notfall.

Ein weiterer Punkt ist der Einsatz von Hilfsgütern, die sich in Absprache mit den Bündnispartnern nicht nur günstiger an den Ort der Hilfe bringen lassen, auch der Einsatz der Hilfsgüter ist nach Absprache mit den anderen Beteiligten effizienter.

Medienarbeit

Das Aktionsbüro entsendet eigene Mitarbeiter aus dem Bereich der Pressearbeit in die Katastrophenregionen. Auch der Fotograf und der Pressereferent von Aktion Deutschland Hilft besuchen im Katastrophenfall die Bündnispartner vor Ort und berichten aktuell über deren Hilfsmaßnahmen. Der Pressereferent steht den deutschen Medien als Ansprechpartner zur Verfügung. Mit dieser Maßnahme wird die eigene Medienpräsenz von CARE in der Krisensituation verstärkt.

Die gemeinsame Medienarbeit des Aktionsbüros und den Bündnispartnern ist konzipiert nach einem gegenseitigen Win-Win-Prinzip: Einerseits kommuniziert das Medienteam des Aktionsbüros die Hilfeleistungen der Partner, so auch die Maßnahmen von CARE an die Medien. Andererseits kommuniziert CARE über seine eigenen Medienkontakte die Arbeit von CARE vor Ort sowie die Arbeit des Bündnisses. Die Reichweite der angesprochenen Medien ist somit größer und intensiver.

Durch die gute Zusammenarbeit innerhalb des Bündnisses ist gewährleistet, dass Informationen allen Bündnismitgliedern zur Verfügung gestellt werden, selbst wenn sie nicht an einer Hilfskampagne beteiligt sind. CARE erhält also auch dann, wenn es nicht bei einer Katastrophe aktiv wird, Informationen zur Situation der Betroffenen und kann diese Informationen seinen eigenen Medienkontakten zur Verfügung stellen.

Bekanntheit

Um sich im großen Markt der Nichtregierungsorganisationen behaupten zu können - derzeit gibt es über 600.000 Vereine in Deutschland -, spielt die Bekanntheit der einzelnen Organisation eine wichtige Rolle. Die Steigerung der Bekanntheit von CARE wird möglich durch die Partizipation an gemeinsamen Erfolgen und gemeinsamen Stärken. In den letzten Jahren hat sich das Bündnis in der deutschen Öffentlichkeit eine Kompetenz als schnell reagierender, effizienter und verlässlicher Partner in Krisensituationen aller Art in den ärmsten Regionen der Welt erworben. Dieser gute Ruf wird einerseits durch die professionelle Umsetzung der

Manuela Roßbach, Ursula Kapp-Barutzki

Hilfsmaßnahmen befördert. Andererseits nutzt das Aktionsbüro jede Gelegenheit, um die Arbeit der Bündnispartner selbst in die Öffentlichkeit zu kommunizieren. Die gestützte Bekanntheit von Aktion Deutschland Hilft liegt bei affinen Befragungsgruppen derzeit bei rund 33 Prozent.

In der Öffentlichkeitsarbeit von Aktion Deutschland Hilft werden alle Mitglieder - zumindest mit ihren Logos - immer mit erwähnt. Damit profitiert CARE als Einzelmitglied von der Öffentlichkeitsarbeit, die Aktion Deutschland Hilft in Deutschland durchführt, zumal die Bekanntheit von Aktion Deutschland Hilft höher ist als die des Mitglieds CARE.

Imagegewinn

Das Bündnis hat sich in den letzten beiden Jahren ein sehr positives Image erworben, so trägt es als einziges Bündnis das Spenden-Siegel des Deutschen Zentralinstituts für soziale Fragen. Der ehemalige Außenminister Dr. Frank-Walter Steinmeier ist Kuratoriumsvorsitzender. Der Transparenzpreis von PriceWaterhouseCoopers erwähnte die besonders gute Berichterstattung. Es wurde als „Ausgewählter Ort" im Rahmen der Initiative Deutschland - Land der Ideen ausgezeichnet. Da aller Imagegewinn sich unmittelbar auf die Mitgliedsorganisationen auswirkt, profitiert auch CARE von dieser positiven Entwicklung.

Marke

Im Vorfeld zu einer Notrufkampagne, mit der auf die vergessenen Katastrophen aufmerksam gemacht werden sollte, wurde das Verhältnis von Aktion Deutschland Hilft zu den Mitgliedern sehr intensiv diskutiert. Dabei wurde deutlich, dass Aktion Deutschland Hilft keine Dachmarke darstellt, die die Bündnismarken dominiert, sondern im Sinne des Star-Alliance-Modells der Lufthansa eine Allianz von gleichberechtigten Bündnispartnern darstellt, die ihren eigenen Markenwert in das Bündnis einbringen. Die Erkenntnis, dass sich in Aktion Deutschland Hilft gleichberechtigte Partner zusammengeschlossen haben, die als Marken nebeneinander existieren wollen, ist bei der Konzeption von gemeinsamen Kampagnen zur beachten.

Spenderwille

Aus vielen Fragen und Kommentaren unserer Spender wissen wir, dass sie eine Zusammenarbeit mit anderen Hilfsorganisationen vor Ort vor allem in Krisensituationen sehr schätzen. Insofern gibt Aktion Deutschland Hilft als Bündnis, dessen Ziel es ist, in der Krisensituation der Bevölkerung die Spendenmöglichkeit an ausgewiesene kompetente Organisationen zu erleichtern, mit dem gemeinsamen Spendenkonto, die richtige Antwort.

Die von Spendern häufig gestellte Frage, ob das eigene Geld auch wirklich bei den Bedürftigen ankommt, kann transparent und umfassend beantwortet werden. Das Aktionsbüro ist mit seiner Aufgabe, als Kommunikationsdrehscheibe zu wirken, auf die möglichst schnelle und umfassende Kommunikation der Öffentlichkeit ausgerichtet, während die einzelnen Organisationen sich auf die schnelle Umsetzung der Hilfeleistung vor Ort konzentrieren. Aus dieser dialogorientierten Aufgabenteilung – umfassende Einholung von Information und deren Verbreitung in Deutschland auf der einen Seite und konkrete Hilfe vor Ort auf der anderen Seite – ergibt sich eine Win-Win-Situation.

Manuela Roßbach, Ursula Kapp-Barutzki

Meine Notizen und Ideen zum Thema:

IV. Best-Practise aus der Politik

BÜNDNIS 90/DIE GRÜNEN
Wahlkampf ohne Alternativen

Steffi Lemke, BÜNDNIS 90/DIE GRÜNEN

„Von Obama lernen, heißt siegen lernen" war das Mantra, das viele Politikberater im Vorfeld des Wahlmarathonjahres vor sich her und von den Kanzeln mehr oder weniger gut besuchter Podiumsdiskussionen hinunter predigten. Die meist halblaut hinzugefügten Hinweise, dass ein amerikanischer Wahlkampf 2009 in Deutschland aufgrund völlig unterschiedlicher politischer und medialer Voraussetzungen – und auch nicht ansatzweise zu vergleichender Finanzmittel – nicht zu erwarten sei, wurden in der Regel überhört. Zu schön war es, auch mal zu können. Und vor allem hielten sie Beobachter wie auch ambitionierte Wahlkämpfer selbst nicht davon ab, US-amerikanische Maßstäbe an den deutschen Wahlkampf anzulegen und die offenkundigen Unterschiede als Rückständigkeit oder Unvermögen zu geißeln.

Aber die Mahnungen der einsamen Rufer in der Wüste, den Erwartungsbogen nicht zu überspannen, sollten Recht behalten. Mein Fazit des Wahljahres 2009 ist in dieser Hinsicht eindeutig: Der Wahlkampf in Deutschland ist werberisch „amerikanischer" geworden und er ist dabei, im Web 2.0 anzukommen. Aber: Der Bundestagswahlkampf 2009 unterschied sich politisch vom amerikanischen viel stärker als 2005.

Obama trat als Herausforderer mit der Vison eines neuen und besseren Amerika an. Er trat an mit klaren inhaltlichen Alternativen und als Gegenentwurf zum System Bush. Der Bundestagswahlkampf 2009, obwohl mitten in der größten Finanz- und Wirtschaftskrise stattfindend, entbehrte dieser Herausforderung – mithin der Polarisierung zwischen zwei Alternativen vollständig. Am Ende gewann die Moderationskanzlerin, weil sie es geschafft hatte, jegliche inhaltliche Kontroverse aus dem

Wahlkampf heraus zu halten. Herausforderer, Medien und Opposition fanden kein wirksames Mittel gegen diese Strategie. Eine Strategie, die die Bürgerinnen und Bürger zu Hauf von den Wahlurnen fernhielt, aber Angela Merkel den Machterhalt und den Koalitionswechsel sicherte. Ein Sieg für sie. Der Verlust für die demokratische Kultur in Deutschland hingegen ist noch nicht abzusehen.

Die Europawahl, die ein so mächtiges und einflussreiches, ein so demokratisches und wirkungsmächtiges Parlament wie nie zuvor in Brüssel installieren sollte, band gerade einmal für drei Wochen die Aufmerksamkeit der Medien und eines Teils der WählerInnen. Die Bundestagswahl brachte zwar einen klaren Regierungswechsel hervor, der dahin führende Wahlkampf war jedoch durch die Verweigerung der konzeptionellen und argumentativen Auseinandersetzung seitens der Volksparteien geprägt.

Warnschuss für die Demokratie

Die historisch niedrigste Wahlbeteiligung von 70,8 Prozent bei der gleichzeitig höchsten Anzahl von Wahlberechtigten aller Zeiten (ca. 62,1 Mio.) ist ein Warnschuss für die Demokratie. Der Erosionsprozess der sogenannten Volksparteien ist bisher ungebrochen. Mit zusammen gerade einmal 56,8 Prozent ist der Rückhalt für CDU/CSU und SPD so gering wie noch nie zuvor. Nicht einmal die Hälfte der Wahlberechtigten hat einer der beiden großen Parteien ihre Stimme gegeben. Dass am Ende eine Koalition die Regierung übernahm, die im Vergleich zur vergangenen Wahl zusammen noch einmal 300.000 Stimmen verlor, klingt paradox, war aber aufgrund der Konstellation nur logisch: Schwarz-Gelb stand als einzige ernsthafte Konstellation gegenüber der Großen Koalition zur Wahl. Nicht der mehr oder weniger gut begründete Ausschluss einzelner Koalitionsoptionen war das Problem der Bundestagswahl 2009, sondern der Mangel einer reellen Machtalternative jenseits der abgewirtschafteten und sich am Ende selbst ausschließenden Großen Koalition.

Dass die GRÜNEN unter diesen Bedingungen ihr bestes Wahlergebnis aller Zeiten bei Europa- und bei Bundestagswahlen erreichten, lässt sich nicht mit dem Ausnahmetatbestand einer Großen Koalition erklären, in deren Folge angeblich automatisch die kleinen Parteien gestärkt und die Großkoalitionäre geschwächt werden. Fest in der Zweistelligkeit landeten wir GRÜNEN, weil wir im Gegensatz zu allen anderen Parteien die kurzfristige Bewältigung der Krisen mit einem Vorschlag für einen grundsätzlichen gesellschaftlichen und ökonomischen Wandel verbanden. Erstmals konnten wir glaubwürdig vermitteln, dass grüne Politik Arbeitsplätze in erheblichen Umfang schaffen kann. Mit dieser Schwerpunktsetzung und dem Angebot eines *„Grünen Neuen Gesellschaftsvertrages"* haben wir die drei wahlentscheidenden Themen grüner WählerInnen – Umwelt, Soziale Gerechtigkeit, Bildung – verknüpft mit den wahlentscheidenden Themen der Bevölkerungsmehrheit – Wirtschaft und Arbeit.

Dialog – Chance und Risiko

Interessieren, Informieren und Involvieren – das ist der Dreiklang, der die Wahlkampf-Strategie von BÜNDNIS 90/DIE GRÜNEN off- wie online am besten charakterisiert. Interessieren durch glaubwürdige Politikangebote und eine moderne Darstellung. Informieren durch dialogische und journalistische Formate und eine flächendeckende Verbreitung – sei es durch die klassischen Wahlkampfstände, Printmaterialien und Mail-Newsletter, durch RSS-Feeds, Twittermeldungen und Postings in Communties, auf Blogs oder eben mit Plakaten. Involvieren durch eine Vielzahl von Mitmach-Angeboten, die ihren Namen auch wirklich verdienen.

Interessieren

Obwohl wir als GRÜNE für ein frisches und provokantes Auftreten bekannt sind, gingen wir in diesem Wahlkampfjahr auch für unsere Verhältnisse neue Wege. Dass pure Provokation ohne inhaltliche Glaubwürdigkeit nicht ausreicht, musste die SPD im Europawahlkampf erfahren. Zwar erregte sie mit Negativ-Campaigning *(„Kredithaie würden FDP wählen")* Aufmerksamkeit, konnte diese aber nicht in Stimmengewinne umwandeln. Im Gegenteil.

Aufmerksamkeit erregten die GRÜNEN mit dem auf den ersten Blick unverständlichen Akronym *„WUMS"* für *„Wirtschaft & Umwelt, menschlich & sozial"*, mit Plakaten in Street-Art-Optik und mit einem Internetauftritt, der so gar nicht in die Logik klassischer Website-Strukturen passte. Die Aufmachung von www.gruene.de war gewöhnungsbedürftig, aber sie kam an, weckte Interesse und bescherte uns eine Verdreifachung der Zugriffszahlen.

Informieren

„Politik hat ein Vermittlungsdefizit" ist ein weitverbreitetes Urteil. Vielleicht beschriebe die Analyse „Politik hat ein Verständigungsproblem" den Kern des Problems treffender. Ein Verständigungsproblem mit der Wählerschaft, das leider nur zu oft aus einem Verständlichkeitsproblem resultiert. Verständlichkeit war ein Auftrag, den die grüne Wahlkampfleitung von vornherein für die Wahlkampagnen ausgegeben hatte. Verständliches Programm, verständliche Argumentationshilfen, verständlicher Internetauftritt. Texte, deren Länge sich am Zeitbudget berufstätiger Eltern anstatt an dem von Berufspolitikern orientiert. Konsequente Verkürzung der Slogans auf Wahlplakaten hin zur Leserlichkeit. Das gelang oft, aber vielleicht nicht immer – hier gibt es für zukünftige grüne Wahlkampagnen noch immer ein ausreichendes Betätigungsfeld.

Dass es uns aber gelungen ist, aus dem traditionell umfangreichsten und ausführlichsten Programm aller Parteien und mehr als 1200 Änderungsanträgen dazu das zugleich verständlichste Wahlprogramm zu machen, ist eine Leistung, die uns und alle Programmverantwortlichen stolz machen darf. Wenn die Universität Hohenheim unser Bundestagswahlprogramm auf dem „Hohenheimer Verständlichkeitsindex" mit 11 bewertet (während die durchschnittliche Verständlichkeit der BILD Zeitung bei 16,4 liegt) – unser Kurzwahlprogramm immerhin mit 14,4

- ist das natürlich eine akademische Bewertung. Sie macht aber deutlich, was der Anspruch unserer Partei war: verständlich und nah an den Problemen der Bürgerinnen und Bürger formulieren und argumentieren.

Dasselbe Leitmotiv, das uns beim Erstellen des Wahlprogrammes geleitet hat, galt auch für unseren Auftritt im Internet. Die grüne Website www.gruene.de wurde grundsätzlich umgestaltet und personell verstärkt: *„journalistisch, verständlich, multimedial, dialogisch"* – das war die Prämisse für den grünen Online-Auftritt.

Dass zum Beispiel ein interaktives Video zum Wahlversprechen *„1 Million Jobs durch grünes Wirtschaften"* nicht nur zig-tausendfach aufgerufen wurde, sondern auch fast durchweg positive Kommentare und Bewertungen für die verständliche Sprache und Aufmachung bekam, bekräftigt die Richtigkeit der Entscheidung. Wer den Dialog sucht, muss auf Augenhöhe kommunizieren und sich aus dem Elfenbeinturm des „Politiksprechs" befreien. Durch journalistische Formate wie Interviews, Berichte, Kurzstatements, Glossen und Kommentare wurde versucht, die übliche Langeweile auf Parteiseiten zu durchbrechen.

Wenn 2005 die Wahlkämpfer noch über SMS-Newsletter vergleichsweise teuer und vor allem in einer Art Einbahnstraßenkommunikation über neueste Entwicklungen in Kenntnis gesetzt wurden, war 2009 das Jahr von Twitter. Wer Kampagnenmachern noch vor vier Jahren erzählt hätte, dass sie in 140 Zeichenlänge quasi-öffentliche SMS im Internet veröffentlichen und zur durchaus effizienten Informationspolitik einsetzen würden, hätte vermutlich Unverständnis geerntet.

Die Skepsis, inwieweit diese Art der Informationsreduktion auf Dauer überleben wird, bleibt. Trotzdem gehöre ich neben vielen anderen doch zu den begeisterten Twitterern. Unsere Partei hat hier auch die größte und aktivste Anzahl von Aktiven zu bieten: Abgeordnete, Landesvorsitzende oder einfach Mitglieder. Tausende Tweets zeichnen Tag für Tag ein aktives Bild aktueller Politik auf allen Ebenen. Und das ist wohl der eigentliche Gewinn: Auf einfache Art und Weise wird über „Politik machen" informiert und die „Follower" können dazu in den Dialog treten.

Dass die Reaktionen manchmal drastisch ausfallen und nicht immer im Sinne des Verfassers sind, muss und kann man hinnehmen. Denn in den allermeisten Fällen sind diese Rückmeldungen ehrlich, spontan und authentisch. Eine Authentizität, die der Politik sicher nützt. Aber man muss sie aushalten können. Wer Kommentarfunktionen abschaltet, weil die Kommentare nicht gefallen, hat irgendetwas falsch gemacht.

Wir haben Twitter u. a. auch für sogenannte rapid response eingesetzt. Parallel zu den Kanzlerduellen und Elefantenrunden war Twitter ein einfacher und schneller Weg, Aufmerksamkeitsfenster zu besetzen.

Twitter war eine der wenigen wirklichen Neuerungen in diesem Wahlkampf. Insbesondere durch die Communityverknüpfung mit Facebook hat es sich als Informations- und Dialoginstrument bewährt. Der Dialog setzt natürlich voraus, dass es Antworten auf die getätigten Tweets gibt – aber über fehlende Resonanz konnten sich die grünen Twitterer nicht beschweren.

Involvieren

Aber was nutzt die multimediale Aufbereitung von Inhalten, was die Berichterstattung von Wahlkampftouren in Form von 1-minütigen selbstgedrehten Videos der Spitzenkandidaten, was die interaktive Tourenkarte, wenn sie nicht zu ganz realer Aktivität führt? Wenn sie nicht die Menschen, die sich für die Inhalte unserer Partei interessieren, einlädt mitzumachen und auch ganz konkrete Angebote vorhält? Und sie in letzter Konsequenz am Wahltag ins Wahllokal oder vorher zur Briefwahl führt. Ziel der Beteiligungsangebote im grünen Wahlkampf war deshalb echtes „Involvement" statt des einmaligen Klicks bei einer Online-Abstimmung.

Meine Kampagne

Gebündelt wurden diese Angebote online im Mitmach-Portal „Meine Kampagne". Obwohl es auch bei anderen Parteien derartige Mitmach-Portale gab, ist das grüne – wen verwundert es – doch einzigartig. Denn maßgeschneiderte Mitmach-Angebote, nach Zeitbudget, Interessenslagen und Aktionsspielraum der Registrierten anzubieten, verlangt nach

Steffi Lemke

etwas, das wir GRÜNE kritisch begleiten: die Erstellung eines Profils, die Auswertung von Wünschen und Interessen der Freiwilligen, um die Angebote nicht als Massen-E-Mails mit hohem Nerv-Potential an alle zu schicken. Denn das führt bekanntlicherweise zu mehr Frust als Lust.

Die Anforderungen, die wir mit unserem Datenschutzethos hier an uns selbst gestellt hatten, waren ambitioniert. Vollständige Kontrolle der Freiwilligen über ihre Daten, absolute Transparenz der Verfahren, die im System stattfinden und Datensicherheit, die nicht nur pro forma in der Datenschutzerklärung niedergeschrieben ist. Aber „Meine Kampagne" erfüllte alle diese Bedingungen und nötigte auch sehr kritischen Beobachtern Respekt ab.

Mein Plakat

Ein weiteres, sehr erfolgreiches Angebot an ganz konkreter Mitgestaltung war die Plattform *meinplakat.gruene.de*. Hier konnten sich Interessierte und UnterstützerInnen selbst ein Großflächenplakat buchen. Die Aussicht, ein grünes anstelle eines Plakats mit dem lächelnden Konterfei von Kanzlerin oder Kanzlerkandidaten vor der eigenen Haustür zu sehen, war offensichtlich verlockend. Mithilfe dieser Aktion konnten wir sowohl im Europa- als auch im Bundestagswahlkampf unsere Großflächenplakatpräsenz mehr als verdoppeln.

Mit über 2000 gebuchten Großflächen waren wir auch im Vergleich zu den Mitbewerbern, die spätestens nach dem grünen Erfolg versuchten, dieses Angebot zu kopieren, absolut führend. Soweit überhaupt Zahlen veröffentlicht wurden, bewegten sich diese im unteren dreistelligen Bereich. Mein Plakat war gleichzeitig eines der ganz wenigen Online-Fundraising-Projekte, welches 2009 erfolgreich war.

Meine GRÜNEN

In der Fülle der Beteiligungsangebote gingen die GRÜNEN in diesem Jahr durchaus innovative und vielfältige Wege. Dass die Tourbegleiter der Spitzenkandidaten Renate Künast und Jürgen Trittin über das Freiwilligen-Portal „Meine Kampagne" geworben wurden, war auch für uns ein Experiment. Aber ein erfolgreiches.

Ebenso die im Laufe der zweiten Phase des Bundestagswahlkampfes gelaunchte Seite *Hier hilft nur Grün,* auf der Missstände, die durch grüne Politik behoben werden sollen, öffentlich gemacht werden konnten. Über die Integrationsmöglichkeiten in Soziale Netzwerke und Kommentar-Möglichkeiten wurde in kürzester Zeit Öffentlichkeit für die Anliegen der Beteiligten hergestellt und Unterstützung organisiert.

Die Angebote waren mannigfaltig: von der Möglichkeit, persönlich mit Claudia Roth und Cem Özdemit via Facebook zu kommunizieren, im grünen Fernsehspot mitzuwirken, über Protestmailings gegen die Atomkraftlobby zu verschicken und Datenschutzaktionen bis zur Mobilisierung für Wahlkampfaktionen vor Ort. Als bekannt wurde, dass Deutsche Bank-Chef Josef Ackermann seinen Geburtstag auf Staatskosten und Einladung von Frau Merkel im Kanzleramt feierte, organisierten Freiwillige von „Meine Kampagne" innerhalb von 24 Stunden eine eigene „Geburtstagsfeier" vor dem Kanzleramt. Das mediale Echo war deutlich, die Aktions- und Mobilisierungsfähigkeit von Freiwilligen wurde unter Beweis gestellt.

Die Aktiven, die sich bei „Meine Kampagne" registriert hatten, waren übrigens zum überwiegenden Teil keine Parteimitglieder oder sind es erst im Laufe des Wahlkampfes geworden. Über 3000 neue Mitglieder allein innerhalb der ersten 10 Monate des Jahres sprechen eine deutliche Sprache. Glaubwürdiger Dialog, inhaltlich klare Verortung und ernstgemeinte Mitwirkungsangebote zahlen sich aus. Nicht nur kurzfristig in Form von Wählerstimmen, sondern auch langfristig in Form von gewonnenem Vertrauen und wachsenden Mitgliederzahlen.

3 Tage wach

Zugespitzt wurde das Prinzip "Interessieren, Informieren, Involvieren" in den letzten drei Tagen des Wahlkampfes umgesetzt. Bereits im Europawahlkampf erfolgreich gestartet, stellte das Konzept 3 Tage wach im Endspurt des Bundestagswahlkampfes alles in den Schatten: 72 Stunden lang saßen drei Teams - online verbunden und live per Video-Stream im Internet verfolgbar - zusammen und beantworteten die Fragen der Wäh-

Steffi Lemke

lerinnen und Wähler. Hier ging es nicht nur um die großen Debatten wie Klimaschutz, Steuerreform oder Bildungsmisere, sondern oft auch ganz konkret um Fragen des Tierschutzes, CCS-Technologie, Flächenversiegelung oder den CO2-Ausstoß von Nutztieren.

Erreichbar über www.gruene.de, per Mail, Fax, Twitter, Soziale Netzwerke und Telefon wurden die zum großen Teil aus Freiwilligen zusammengestellten Teams, die nach einem straffen Schichtplan und einem abgestuften Rechtesystem organisiert waren, mit Fragen regelrecht überrannt. Am Ende des 72-Stunden-Marathons hatte das gut 70-köpfige Team ca. 12.500 Fragen beantwortet. Dass für manche spezielle Fragen auch mal FachpolitikerInnen zu nachtschlafener Zeit auf dem Handy angerufen wurden, gehört in den anekdotischen Bereich, verdeutlicht aber, dass die Dialogbereitschaft nicht nur auf eine hochmotivierte Wahlkampfzentrale begrenzt blieb.

Noch Fragen? - Blick in die Zentrale von „3 Tage wach"

Dialogkommunikation steht noch am Anfang

Was wir 2009 auch in Deutschland erlebt haben, ist erst der Anfang einer neuen Art von Wahlkampf. Das Bewusstsein, dass der Dialog wichtiger – wenn nicht wichtigster – Bestandteil von Wahlkampagnen sein muss, wird sich weiter entwickeln. Viel zu dieser Entwicklung kann das Web 2.0 beitragen. Soziale Netzwerke, Communities, Blogs und Microblogs werden eine noch größere Rolle spielen – wie auch immer sie dann heißen werden. Auch die Individualisierung der Angebote wird weiterhin an Bedeutung gewinnen, wenn man Interessierte und Unterstützer mit ihren unterschiedlichen Interessen und Möglichkeiten ernst nehmen will.

Aber die Dialogbereitschaft muss die Grenzen des World Wide Web überspringen, wenn sie einen Glaubwürdigkeitsanspruch haben will. Auch auf den Marktplätzen, in den Sälen, am Familientisch, bei Betriebsbesichtigungen und am Wahlkampfstand gilt: Wer den Dialog will, muss etwas zu sagen haben – aber er muss auch zuhören können und wollen.

Inhalte bestimmen die Instrumente

Die rasante Entwicklung internetbasierter Wahlkampfinstrumente, die Ausbreitung sozialer Netzwerke im Internet und die Verlagerung bisheriger Offlineaktivitäten ins Netz werden weitergehen. Und andere Internetphänomene werden wieder sang- und klanglos von der Bildfläche verschwinden. Kampagnenmacher werden immer vor der Aufgabe stehen, aus dem schier unerschöpflichen Instrumentarium die richtigen Werkzeuge auszuwählen, die Ressourcen richtig auf die Instrumente zu verteilen, um ihr Ziel optimal umzusetzen. Aber ohne Inhalte bleiben sie leere Hülsen, es sei an frühere Wahlkämpfe der FDP erinnert, als Herr Westerwelle bei Big Brother um die Gunst der Wähler buhlte.

Das klassische Großflächenplakat wird auch in den anstehenden Wahlkämpfen nicht aus dem Straßenbild verschwinden. Aber die Menschen werden immer mehr nach der Möglichkeit verlangen, mit den Urhebern der Plakate darüber zu diskutieren. *„Gutes Design ist nicht demokratie-*

fähig. Und über schlechtes Design abzustimmen, lohnt sich nicht" hat der Typograf Kurt Weidemann postuliert. Aber worüber es lohnt abzustimmen, zu diskutieren und zu streiten, sind Inhalte.

Glaubwürdigkeit als Kapital

Im grünen Wahlkampf musste jedes eingesetzte Dialoginstrument der Prüfung „meinen wir dieses Angebot ernst, können wir das Dialogversprechen wirklich halten?" standhalten, bevor es zum Einsatz kam. Dialog lässt sich nicht simulieren.

Die Grünen sind und waren die glaubwürdigste Partei – auch in diesem Wahlkampf. In der Vorwahlbefragung des Meinungsforschungsinstituts Infratest dimap erhielten wir die besten Werte bei der Frage *„Sagt die Partei vor der Wahl ehrlich was sie will?"*. An dem Überbietungswettbewerb in Wahlversprechen und Merkelschen Paradoxien gleichzeitiger Steuersenkungs- und Ausgabenerhöhungsversprechen haben wir uns nicht beteiligt. Das wurde honoriert: 48 Prozent aller Wahlberechtigten – also auch der Nichtwähler – und damit weit mehr als bei allen anderen Parteien, gingen davon aus, dass wir vor der Wahl auch das sagen, was wir nach der Wahl umsetzen wollten.

Die insgesamt in dieser Antwort zum Ausdruck kommende skeptische Haltung gegenüber den Aussagen der politischen Parteien jedoch ist ein weiteres Warnsignal für die Demokratie. Aber wie viel Wahrheitsfreude darf man von Bürgerinnen und Bürgern erwarten, denen in der größten Finanzkrise Steuerversenkungsversprechen irrealen Ausmaßes aufgetischt werden. Versprechen von Angela Merkel, denen nicht einmal die CDU-Mitglieder Glauben schenkten; wenn ein Generalsekretär der FDP nach der Wahl als Minister ein Ministerium übernimmt, dessen Abschaffung er noch im Wahlkampf propagiert hat; und denen die dreiprozentige Mehrwertsteuererhöhung bis heute im Magen liegt. Deren Rücknahme hat zwar nicht einmal Frau Merkel versprochen, aber wenn diese Form von Politik nicht aufhört, sollten wir die Bundeszentrale für politische Bildung an Dieter Bohlen übergeben und eine Kanzlercastingshow einführen.

Meine Notizen und Ideen zum Thema:

FDP: Wahlkampf von unten – Dialog wird wichtigster Erfolgsfaktor für politische Kampagnen

Hans-Jürgen Beerfeltz, FDP

Vor Kurzem erhielt die angebliche „Krise der Demokratie" eine offizielle Aufenthaltsbestätigung: Das Statistische Bundesamt stellte fest, dass immer weniger Menschen in Deutschland die Demokratie für die beste Staatsform halten. Im Westen ist die Zustimmung zwischen 2000 und 2005 von 80 Prozent auf 71 Prozent zurückgegangen. Im Osten war 2005 zum ersten Mal eine Mehrheit der Ansicht, dass es eine andere Staatsform gibt, die besser sei.

Kombiniert man diese Zahlen mit dem über lange Jahre dokumentierten Vertrauensverlust in die Politiker, dem Mitgliederschwund in den Parteien und der sinkenden Wahlbeteiligung, könnte man das Ende der Demokratie heraufkommen sehen. Manche Experten meinen, wir befänden uns im Übergang zu einer „Post-Demokratie": Die Politik verlasse sich zunehmend auf Marketing und auf die massenmediale Präsenz von politischen Führungspersonen statt auf demokratische Mechanismen der politischen Willensbildung des Volkes.

Außerdem stellt sich die Frage: Kommen der Demokratie die Wähler abhanden? Exemplarisch dafür ist das „Superwahljahr" 2009. Europa, neue Landtage in Hessen, Sachsen, Thüringen, Brandenburg, Schleswig-Holstein und im Saarland, und dann noch der Bundestag. Dazu acht Kommunalwahlen. „Super-Wahljahr" fanden nur die Politiker, aber nicht die Wähler. Sie blieben immer öfter zu Hause. Den Bundestag wählten 2009 mit 70,8 Prozent weniger Menschen denn je. Bei Landtagswahlen sank die Wahlbeteiligung seit der Wiedervereinigung im Durchschnitt aller Bundesländer um 13 Prozentpunkte; im Saarland und in Thüringen ging fast jeder Zweite nicht hin. Im Januar in Hessen war die Beteiligung so niedrig wie nie zuvor: 61 Prozent. Und für Europa mochte, wie schon 2004, nur eine Minderheit ihre Stimme geben: 43,3 Prozent.

Entfremdung zwischen Wählern und ihren Vertretern

Dabei ist es interessant zu sehen, wer nicht wählt: Eine dimap-Umfrage für die überparteiliche Initiative ProDialog ergab: Knapp 60 Prozent der Nichtwähler gehen arbeiten, 24 Prozent beziehen Rente, jeder zweite hat Realschulabschluss oder Abitur, jeder fünfte hat studiert. Man findet Nichtwähler unter hochrangigen Juristen, Journalisten, Chefärzten und Bundesbeamten. Dass diese Entwicklung dynamisch ist und gefährlich zu werden droht, fällt langsam immer mehr Menschen auf. „Die Mitte bleibt einfach weg, macht nicht mehr mit, wendet sich, gleichgültig fast, von der politischen Arena ab", schrieb der Göttinger Politikwissenschaftler Franz Walter in der Illustrierten Stern. Die Mitte fühle sich abgestoßen von den „Entmündigungsstrategien" der „Allerweltsparteien". Kein Wunder, denn spätestens seit 1998 wurde kaum noch etwas für die Mitte getan.

Wenn sich Wahltage nähern, geht Demokratie normalerweise mit großem Getöse zur Wahlschlacht über. Das äußert sich auf vielfältige Weise. Menschen versuchen sich zu erinnern, was sie an welcher Partei richtig und wichtig fanden. Berater versuchen den Parteien zu erklären, was die Menschen brauchen. Die Medien versuchen den Menschen zu erklären, welche Parteien sie brauchen. Parteien versuchen in Wahlkämpfen, den Menschen und den Medien zu erklären, was das Land braucht. 2009 war davon nicht viel zu spüren. Auf einmal beklagten sich Menschen über einen Mangel an Wahlkampf, die früher Wahlkämpfe eher verabscheuten. Langeweile mache sich breit. Beliebigkeit bestimme das Bild der Parteien. Auffallen - und letztendlich aufsteigen - konnte eigentlich nur eine Partei, die FDP. Und das hatte seinen Grund.

Wer sich heute ein Bild von den Wettbewerbern um den richtigen politischen Weg machen will, sammelt sich die Mosaiksteinchen seiner

Hans-Jürgen Beerfeltz

Wahlentscheidung aus einer Vielzahl von Eindrücken, Informationen und Wahrnehmungen zusammen. So komplex unsere Gesellschaft geworden ist, so komplex ist auch ihre Kommunikation geworden. Dirk Niebel, der frühere FDP-Generalsekretär, im Sommer 2009:

„Meine Partei beteiligt sich am Wettbewerb der politischen Meinungen, und wir haben schon früh erkannt, wie wichtig es ist, nicht auf alte Rituale, abgelegte Privilegien oder überholte Vorstellungen vom Verhältnis zwischen Wählern und Politikern zu bestehen. Alle neuen Kommunikationswege, Medien und Instrumente gehören zu Beginn des 21. Jahrhunderts zum Handwerkszeug politischer Parteien, die eine politische Botschaft unters Volk bringen wollen."

Der berühmt-berüchtigte Satz, dass der Köder dem Fisch schmecken muss und nicht dem Angler, gewinnt in solchen Zeiten eine besondere Bedeutung. Die Bürger als Wähler erwarten heutzutage, dass die Parteien sie ernst nehmen. Wer das nicht tut, den strafen sie mit Desinteresse. Für die Parteien und ihre Kampagnen bedeutet dies den Ausbau der Dialogkommunikation zu einem festen Bestandteil ihrer täglichen Arbeit.

Propaganda war gestern, Dialog ist heute!

Alle in der Politik und in den Medien müssen zur Kenntnis nehmen, dass sich unsere Medienlandschaft und unsere Kommunikationsgewohnheiten fundamental verändern. Was unter dem Begriff Web 2.0 von vielen Beobachtern als schnell verwelkende Spinnerei einiger Freaks abgetan wurde, hat Eingang in unsere Gesellschaft gefunden und ist schon heute nicht mehr wegzudenken. Noch einmal Dirk Niebel:

„Ich setze auf den Einsatz mehrerer verschiedener Medien, um möglichst viele Menschen zu erreichen. Das gelingt der Politik und den Politikern nämlich sonst nicht so leicht. Es wäre schön, wenn wir den Wählern den Eindruck vermitteln könnten, dass wir sie auch außerhalb von Wahlkampfzeiten mit ihren Anliegen und mit ihren Kommunikationsgewohnheiten ernst nehmen. Die Erklärung politischer Meinungsbildungsprozesse ist in einer parlamentarischen Demokratie eine

Bringschuld, keine Holschuld. Ich will den Bürger und Wähler dort abholen, wo er sitzt – und wenn es auf dem heimischen Sofa ist. Ich erwarte nicht von ihm, dass er sich gefälligst abholt, was er für seine Wahlentscheidung braucht. Stattdessen erwarte ich allerdings von ihm und ihr, dass sie sich eine Meinung bilden und zur Wahl gehen."

Unter dieser Prämisse plante die FDP nicht erst 2009 alle ihre Kampagnen und Wahlkämpfe.

Es war und ist aber falsch, die Schuld bei Bürgern, Wählern oder Mitgliedern selbst zu suchen, wie dies von den so genannten Volksparteien gerne getan wird. Die Klage über abnehmendes bürgerschaftliches oder ehrenamtliches Engagement hilft nicht weiter. Vorwürfe wie der einer zunehmenden „politischen Faulheit" der Menschen ebenso wenig. An vielen Stellen in der Gesellschaft zeigen Aktivitäten, Initiativen und neue Organisationen, dass das Bedürfnis ungebrochen ist, sich für die eigenen Interessen oder die seiner Mitbürger einzusetzen. Die Gründe für Mitglieder- und Wählerverluste liegen offensichtlich woanders. Sie sind in der immer weiter auseinander driftenden Dreiecksbeziehung zwischen den politischen Führungseliten, den Parteimitgliedern und den Wählern zu suchen. Es herrscht ein Mangel an ernsthaftem Aufeinanderzugehen und an Kommunikation, die nicht nur in eine Richtung geht. Das Einführen von „Schnuppermitgliedschaften" oder virtuellen Blogs zu aktuellen politischen Themen reicht da nicht aus.

Alle Parteien sind gefordert, auf Politikverdrossenheit und sinkende Mitgliederzahlen mit echten und nachhaltigen Reformen ihrer eigenen Parteiarbeit zu reagieren. Dabei werden sich manche Rezepte gleichen, andere werden sich unterscheiden, je nachdem mit wie viel ideologischer Emphase oder starrer Grundausrichtung sich die Parteien bewegen. Machen die Parteien das nicht, klafft die Schere zwischen den Parteien und der gesellschaftlichen Entwicklung in Deutschland immer weiter auseinander.

Nehmen wir nur die scheinbar unaufhaltsam wachsende Bedeutung der Neuen Medien! Hier werden gegenwärtig die kommunikativen Grundlagen unserer Gesellschaft verändert - und in der Politik geht kaum einer

Hans-Jürgen Beerfeltz

hin. Mit dem Web 2.0 wird das Internet von einer Informations- zu einer Dialogplattform. Meinungsbildung wird immer unabhängiger von der Deutungshoheit der Massenmedien. Neuer „sozialer Reichtum" entsteht aus den ungehobenen Ressourcen menschlicher Beziehungen. Der Wunsch nach Partizipation wächst mit den technischen Möglichkeiten und die „wisdom of the crowds" könnte Entscheidungen auch in der Politik verbessern. Die Wirtschaft hat das längst begriffen. Consumer generated campaigning oder content beteiligen die Kunden an der Entwicklung der Produkte. Barack Obama übertrug diese Strategie auf die Politik und ließ die Wähler selbst den Wahlkampf gestalten.

Dialog als programmatische Verpflichtung

Die „dialogische Funkstille" in Deutschland wurde glaubhaft nur von der FDP durchbrochen. Sie setzte als einzige Partei auf Wahlkampf von unten statt auf Wahlpropaganda von oben. Und das hatte seinen Grund. Für die FDP ist der Bürgerdialog Programm – seit mindestens zwölf Jahren. Schon im Wiesbadener Grundsatzprogramm der FDP vom 24. Mai 1997 wurd der Weg vom Parteienstaat zur aktiven Bürgergesellschaft vorgezeichnet.

Dieses Programm hatte einen nachhaltigen Einfluss auf alle darauf folgenden Kampagnen der Partei. So beschloss der 51. ordentliche Bundesparteitag der FDP im Juni 2000 in Nürnberg den Leitantrag: „Mehr Demokratie wagen".

Die Folge war, dass sich die FDP vor allen anderen Parteien nach 1998 für Nicht-Mitglieder öffnete und eine Fülle von Dialogangeboten entwickelte. Den Landesverbänden und ihren Untergliederungen wurde es freigestellt, welche Formen der Mitwirkung von Nicht-Mitgliedern sie wählen. Mit Unterstützung der Bundespartei konnten dort „Liberale Initiativen" – zwanglose, informelle und weitgehend von der Partei unabhängige Vereinigungen – angestoßen werden. Orientiert am Freizeitverhalten der Menschen im Medienzeitalter wurden neue Veranstaltungsformen angeboten, Themen-Kampagnen durchgeführt und flexible Modelle politischer Beteiligung vorgestellt, die beispielsweise eine befristete Mitgliedschaft für die Dauer einer Kampagne ermöglichen. Die FDP stellte den Einzelnen, den Bürger selbst, in den Mittelpunkt ihrer Bemühungen und arbeitete an der Weiterentwicklung immer neuer Dialogangebote.

Den Einzelnen größer machen

In diesen Bemühungen um mehr Dialog liegt auch ein zentraler Grund für das sichtbar große Wachstum der FDP in den letzten Jahren: Die FDP wird größer, weil sie den Einzelnen in Deutschland größer macht. Alle anderen politischen Kräfte in Deutschland machen den Einzelnen kleiner, sie „entlasten" ihn scheinbar von Verantwortung, sie „schützen" ihn (notfalls auch vor sich selbst) und sehen ihn als Objekt ihrer Fürsorge-Anstrengungen. Dass eben diese Objekte der Fürsorge auch gefragt werden wollen, zählte nicht. In einer Zeit gefühlter Bedeutungslosigkeit wurde dem Einzelnen die weitgehende Nutzlosigkeit eigenen Handelns suggeriert. Aber das wird sich nun ändern.

Die tieferen gesellschaftlichen Entwicklungen deuten darauf hin, dass das „sozialdemokratische Jahrhundert" (Ralf Dahrendorf) in Deutschland zu Ende geht. Nach der langen Zeit der großen Bedeutung von Massenorganisationen, von Zentralisierung, von Hierarchie, Bürokratie und Massenmedien kommt jetzt immer stärker die Zeit für Dezentralisierung, für kleine Einheiten, für Selbstständigkeit, Eigeninitiative, Leistung, kurzum für mehr Individualität und des Dialogs. Dies geschieht trotz oder auch gerade wegen der Phänomene neuer Staatsgläubigkeit angesichts der Symptome der aktuellen Wirtschafts- und Finanzkrise. Vor allem der Bundestagswahlkampf gab darauf einen Vorgeschmack.

Anders als bei den anderen Parteien war dieser fortschreitende gesellschaftliche Umbruch an der FDP nämlich nicht vorbei gegangen. Die jüngste Veröffentlichung des Zukunftsinstituts von Matthias Horx im Sommer 2009 wirft darauf ein interessantes Schlaglicht. Darin geht es den Zukunftsforschern zwar um die Produkte der Zukunft und ihre Märkte, ihre Überlegungen lassen sich aber weitgehend auch auf die Politik der Zukunft und die Märkte der Meinungen übertragen. „Wir werden in Zukunft immer weniger die Produkte und Dienstleistungen kaufen, die nur noch einen simplen Gebrauchswert haben", heißt es zu Beginn des Buches. Das Zukunftsinstitut will darin die Frage beantworten, warum sich Menschen an ein Produkt binden, und will belegen, dass es in den modernen Staaten eine „ganz starke Nachfrage nach Bindungen und modernen Beziehungsqualitäten" gibt. Werte spielen eine immer größere Rolle, und das gilt ebenfalls für den Wettbewerb in der Politik.

Die FDP hatte dies schon früh sehr genau erkannt: Durch eine substanzorientierte Oppositionsarbeit und das disziplinierte Auftreten in den vergangenen Jahren konnte sie eine Einheit von Marke-Botschaft-Personen herstellen. Das hat gewirkt und ist ein wichtiger Grund für den gegenwärtigen Erfolg der Partei. Denn die Wähler wollten Qualität statt Quantität. „Auf dem medialen Sinnmarkt vollzieht sich gegenwärtig eine dramatische Zäsur", heißt es weiter beim Zukunftsinstitut. „Bis vor kurzem gab es in der Medienwelt eine klassische Trennung: Hier die passiven Nutzer, dort das Mediensystem, das die Nutzer mit Informationen füttert. Jetzt zeigt sich, dass der neue Gemeinsinn von Web 2.0 tatsächlich die Menschen in den Bann zu ziehen versteht."

Am Internet als Dialogmedium geht heute kein Weg mehr vorbei. Die jüngste Studie zur Internetnutzung von TNS Infratest und der Initiative D21, der so genannte (N)ONLINERAtlas 2009, zeigte: Von Jahr zu Jahr nutzen mehr Personen das Internet, allein 2009 insgesamt 4,1 Millionen mehr als im Vorjahr. Das entspricht in etwa der Einwohnerzahl von Rheinland-Pfalz. Mit fast 70 Prozent der über 14-Jährigen ist der Großteil der Deutschen online.

Und die Internetnutzung nimmt in allen Altersgruppen zu. Der größte Zuwachs ist bei den 60-69-Jährigen. Von den 14-29-Jährigen sind mittlerweile 94,5 Prozent online. Insgesamt nutzen inzwischen 66,9 Prozent der Onliner einen breitbandigen Internetzugang. Der Breitbandanschluss ist der entscheidende Faktor für das absolute Wachstum bei der Internetnutzung, das zu 90 Prozent durch diesen getragen wird. Nur noch 2,2 Prozent (im Vorjahr 3,7 Prozent) der Onliner geben an, keinen Internetzugang zu Hause zu haben.

Das Internet hat das Fernsehen als wichtigstes Informationsmedium abgelöst. 17,7 Prozent der 18- bis 59-Jährigen sind dabei „sehr interessiert" an politischen Nachrichten aus dem Web. Und genau diese Gruppe (27,2 Millionen Menschen in Deutschland) ist überdurchschnittlich politisch aktiv.

Für die FDP hatte diese Entwicklung Konsequenzen. Sie übertrug ihre Dialogstrategie in den Onlinebereich, denn die schönste Botschaft nützt bekanntlich nichts, wenn sie niemand hört. Die Architektur der Wahlkampagne hatte zum Ziel, die Botschaften der FDP möglichst an alle potenziellen Wähler heranzutragen. In einer Zeit, in der massenmedialer Politikvermittlung sowieso immer weniger vertraut wird, und für eine Partei, die sich teure Wahlschlachten z.B. mit Zeitungsanzeigen sowieso nicht leisten kann, setzte die Kampagne'09 der FDP deswegen auf den möglichst direkten Dialog. Noch stärker als bisher schon wurde Dialogmarketing auch wahlwerblich zum wichtigsten und zugleich eigenständigen Herzstück der Kampagne, und das galt auch für die Aufteilung der Budgets: Erstmals gab die FDP bei den Wahlen mehr Geld für Dialogmaßnahmen aus als für Plakate. Und dabei haben nicht nur Internet und Handy, sondern auch die „Renaissance" des klassischen Briefes eine erhebliche Rolle gespielt.

Und Dialog gewinnt – und zwar nicht nur bei Wahlen. In einer Studie, die von der Fachzeitschrift „politik & kommunikation" nach der Bundestagswahl veröffentlicht wurde, war die Servicequalität von CDU, SPD und Co. getestet worden – vor und nach der Bundestagswahl. Beim Parteientest belegten die Liberalen den vordersten Rang. Die Beratergesellschaft Concertare in Burscheid hatte durch sogenannte Mystery Calls den Telefonservice von Parteien auf telefonische Erreichbarkeit, Freundlichkeit und die Qualität der Beratung für den potenziellen Wähler auf die Probe gestellt. Dabei gaben sich die Tester als Wahlberechtigte, in Deutschland lebende Personen im Alter von 23 bis 66 Jahren ohne Parteizugehörigkeit aus. In zwei Testwellen stellten die Anrufer zentrale Nummern der Parteizentralen auf den Prüfstand. Die erste vor und die zweite nach der Bundestagswahl. Diesen Test hat die FDP gewonnen. Demnach haben die Liberalen den besten und bürgerfreundlichsten Service aller Bundestagsparteien.

Hans-Jürgen Beerfeltz

FDP investiert viel ins Internet und in die klassische Post

Den Dialog suchte die FDP auch an anderen Orten. In ihren Wahlkämpfen 2009 nutzte sie offensiv die großen sozialen Netzwerke im Web 2.0. Für sie ist das Internet kein Schaukasten mehr, wo sozusagen in Zweitverwertung bereits woanders erhältliche Informationen zusätzlich ausgestellt werden. Danach entwickelte sie Leitlinien für liberale Wahlkämpfe „von unten":

• Offene Diskussionen und kontroverse Meinungen erlauben.
• Keine Angst vor Steuerungs- und Kontrollverlust haben.
• Moderner Wahlkampf funktioniert von unten („bottom up")
  und nicht mehr von oben („top down").
• Netzwerke schaffen, in denen viele Menschen miteinander
  kommunizieren
• An tatsächlichen Informationsbedürfnissen der Nutzer orientieren,
  kein Spam.
• User Generated Content in den Mittelpunkt der
  Online-Wahlkampagnen stellen.

Mehr als andere Parteien investierte die FDP in das Internet und baute ein besonderes Informationsangebot auf, das von Fachleuten mehrfach als vorbildlich hervorgehoben wurde. Darin enthalten waren neben journalistisch gehaltenen Informationsblöcken auch immer wieder Beteiligungs- und Abstimmungsmöglichkeiten, die sich in Wahlkampfzeiten sogar auf das Wahlprogramm erstreckten. Der Erfolg gab dieser Strategie Recht: Aus vielen Internetnutzern und Veranstaltungsbesuchern wurden und werden FDP-Mitglieder. Ein großer Teil von ihnen trat der Partei über das Internet bei und nimmt regelmäßig online am Parteileben teil.

Die FDP hat nicht zuletzt deswegen nach dem erfolgreichen „Außenauftritt" im Internet bewusst eine Webplattform aufgebaut, die sich ausdrücklich nach innen, also insbesondere an die Mitglieder richtet: my.fdp, das Social Network der Liberalen. Daraus wurde mittlerweile eine der erfolgreichsten politischen Online-Communities in Deutschland mit 45.000 registrierten Nutzern. Angeboten wird darin unter anderem ein individualisierbarer Newsletter, bei dem die Bedürfnisse der einzelnen Mitglieder der Maßstab der FDP-Arbeit sind. Sie können sich sogar ihre ganz persönlichen Startseiten gestalten, auf die per Mausklick alle Inhalte eingebunden werden können, die für den einzelnen Nutzer wichtig sind. Viele andere Instrumente sollen den Mitgliedern die Kontaktpflege und das persönliche Networking erleichtern.

Besonders wichtig an my.fdp erscheint jedoch die Möglichkeit, dass sich Mitglieder und Interessenten, Funktionsträger verschiedener Ebenen oder ganze Ortsverbände auf dieser Plattform zusammenfinden, regelmäßig treffen und diskutieren können. Nach thematischem Interesse bilden sich neue Gruppen quer durch das Land, die neue Ideen debattieren, um sie dann in anderen Parteigremien wiederum zur Abstimmung zu stellen. Parteimitglieder gruppieren sich nach geographischen Gesichtspunkten oder weil sie ein gemeinsames Hobby haben. Verfechter einer politischen Initiative aus Bayern suchen und finden Mitstreiter aus dem Norden der Republik. Es wird über erfolgreiche kommunale Projekte berichtet, die dann möglicherweise in ganz anderen Orten Nachahmer finden. In der Planung ist eine Regionalisierung dieses internen Internetangebots, um seinen Nutzen für die kommunale Parteiarbeit zu erhöhen.

Mitglieder haben bei my.fdp einen exklusiven Teil, der Passwort geschützt ist. Dort befindet sich eine Fülle von Angeboten und Dienstleistungen, die nur registrierten FDP-Mitgliedern vorbehalten sind. Spezielle Rahmenverträge sind die Grundlage für mehr als 100 Angebote vom günstigen Telefonieren über ein Verzeichnis „liberaler Wirte" mit speziellen Mitgliederpreisen bis hin zur privaten Krankenversicherung. Innerhalb, aber auch außerhalb des Internets bietet die FDP ihren Mitgliedern verstärkt Perspektiven zur persönlichen, vielleicht sogar beruflichen Entwicklung. In Zusammenarbeit mit einer Stellenbörse können sich Parteimitglieder selbst um Jobs bewerben. Talentförderung und Expertenpflege werden ausgebaut.

Einblick in die „MitMachArena" – Die Wahlkampfplattform der FDP

Die Zugriffszahlen im Internet, die registrierten Profile in der Kommunikationsplattform my.fdp und die registrierten Teilnehmer in der neuen MitMachArena waren und sind die höchsten Werte aller Parteien. Das zeigt sehr klar, dass die FDP sich selbst ein großartiges zusätzliches Motivierungs- und Mobilisierungsinstrument geschaffen hat. Im „Wahlkampf von unten" boten die Liberalen in ihren Communities exklusive Informationen an, z.B. über den kostenlos abonnierbaren SMS-Info-Dienst. „Be the first to know" war ein entscheidendes partizipatives Element der Obama-Kampagne. Keine Partei in Deutschland betrieb diese Strategie offener und bürgernäher als die FDP. Die Internet-Nutzer konnten bewusst mitentscheiden über Slogans, Kampagnenmotive, Zielgruppen-Themen. Das bedeutete nicht nur mehr Demokratie in der Kampagne, es schuf auch zusätzliche Identität und führte zur Weitergabe von Informationen mit größerer Begeisterung. Nach wie vor gilt im Marketing die persönliche Empfehlung als am Wirkungsvollsten. Die FDP erzeugte embedded tester, die Werbung mit liberaler Werbung machten, was die Amerikaner „Word of Mouth"-Marketing nennen.

Stilgruppen statt Zielgruppen

Im „Wahlkampf von unten" hat Dialog-Marketing in allen seinen Formen – auch mit dem klassischen Brief im Sinn eines „Identitäts-Ma-
nagements" – eine zentrale Rolle gespielt. Hinzu kam stärker denn je die
klassische Post – allerdings immer ergänzt mit Response-Elementen. Nie
zuvor hatte die FDP so viele Mailings verschickt wie 2009. Gerade bei solchen response-orientierten Werbeformen im Dialog mit Stilgruppen statt
Zielgruppen entstanden neue Brücken zwischen Individualität und Zugehörigkeit zu einer Gemeinschaft. Werbung geht vom Ich zum Wir, sie
fragt nicht, sie macht stattdessen klare Aussagen, sie setzt auf Marke statt
Anonymität, sie setzt auf Service und vermittelt ein positives Grundge-
fühl.

Und im „Wahlkampf von unten" wurde selbst das Plakat bei der FDP
vom klassischsten Propaganda-Instrument zur Dialog-Chance. Wer das
Plakat der Europa-Spitzenkandidatin Silvana Koch-Mehrin mit dem
Handy fotografierte und dieses Foto an die 4242 schickte, der bekam
einen Film auf sein Handy und danach einen Link zur MitMachArena, die
das Herzstück der liberalen Wahlkampfkommunikation im Internet war.
Alle Medien wurden also durch die Individualisierung der Kommunikation mehr und mehr miteinander vernetzt.

Der Aufbruch in ein neues Kommunikationszeitalter hat aus liberaler
Sicht schon längst begonnen. Für die FDP wurde ihre Dialogbereitschaft
2009 zu einem großen zusätzlichen Wettbewerbsvorteil. Keine Partei
konnte „Dialog" besser als die FDP. Sie steht inhaltlich für mehr Freiheit
des Einzelnen und sie kümmert sich allein schon deshalb mehr als andere
um den Einzelnen. Es fällt den Liberalen deswegen prinzipiell leichter,
den direkten, den dezentralen und den selbstständigen Wahlkampf zu
machen. Das brachte für die FDP die größtmögliche Übereinstimmung
von Form und Inhalt, und damit eine hohe Glaubwürdigkeit in den
Augen ihrer Wähler.

Hans-Jürgen Beerfeltz

Meine Notizen und Ideen zum Thema:

Entscheidend bist DU!
Die Demokratie-Initiative der österreichischen Bundesregierung

Barbara Blümel, Projektleiterin „Demokratie-Initiative"

„Beim Reden kommen die Leut' zam!" lautet ein weiser Spruch. Das gilt auch und in besonderem Maße für die Politik. In demokratischen Ländern muss es das Ziel sein, möglichst vielen Menschen die Möglichkeit zu geben, „zusammenzukommen", ihre Meinung zu äußern und sich zu beteiligen. Nun ist es aber auch eine Tatsache, dass viele Menschen sich gegenüber der regierenden Gruppe, d.h. den von ihnen gewählten VertreterInnen, ohnmächtig fühlen, diesen RepräsentantInnen ja sogar ein Stück weit misstrauen. Dieses Misstrauen ist nicht notwendigerweise negativ. Es hat in den letzten Jahrzehnten neben der Möglichkeit, sich an Wahlen zu beteiligen, in vielen Bereichen zu mehr Chancen für Bürgerbeteiligung und Transparenz des Regierungs- und nicht zuletzt des Verwaltungshandelns geführt. Dies bedeutet auch, dass heute viele BürgerInnen engagiert an der Gestaltung ihrer Lebenswelt mitwirken.

Interesse und Engagement müssen aber auch erlernt werden. Idealer Ansatzpunkt ist – vor allem in jungen Jahren - die prinzipielle Neugier des Menschen gegenüber dem Neuen, dem Unbekannten. Politische Bildung spielt daher eine zentrale Rolle, und Bildungseinrichtungen bieten hierfür einen guten Rahmen. In Österreich war und ist Politische Bildung allerdings seit 1945 ein oft umstrittenes Thema gewesen. Anders als in Deutschland ist es hier von der Angst vor parteipolitischer Vereinnahmung und Indoktrination geprägt. Erst 1978 wurde das Unterrichtsprinzip „Politische Bildung" verankert. Ein eigenes Schulfach gibt es in manchen Schultypen, aber nicht in allen.

Barbara Blümel

2007 wurde das sogenannte Demokratiepaket von den beiden Häusern des österreichischen Parlaments (Nationalrat und Bundesrat) verabschiedet. Damit wurde u.a. das aktive Wahlalter auf 16 Jahre gesenkt – Österreich wurde hier zur Vorreiterin in Europa. Damit stellte sich aber auch die Frage nach der politischen Vorbildung der jungen Wahlberechtigten. Unterrichtsministerin Dr. Claudia Schmied und Wissenschaftsminister Dr. Johannes Hahn haben daher die Idee verfolgt, einerseits inhaltlich im Bildungssystem Vorkehrungen für diese neue Situation zu treffen und andererseits mit einer Dialogkampagne junge Menschen direkt anzusprechen. Unter dem Dach der „Demokratie-Initiative" wurden diese beiden Stränge in den Jahren 2007 und 2008 vereint.

Die Maßnahmen im Bildungssystem erfolgten sehr umfassend und nachhaltig. Einerseits wurde das Ziel der verbindlichen Verankerung von Politischer Bildung in der Sekundarstufe 1 mit Schulbeginn 2008/2009 erreicht. Für die 8. Schulstufe wurde der Unterrichtsgegenstand „Geschichte und Politische Bildung" geschaffen. In den Lehrplänen wurde nicht nur die Stoffverteilung angepasst, sondern auch der kompetenzorientierte Unterricht verankert. Mit dem Kombinationsfach aus „Geschichte und Politische Bildung" kann nun garantiert werden, dass alle 16-jährigen in der Schule mit Themen der Politischen Bildung befasst werden. Parallel wurden Maßnahmen in der LehrerInnen-Bildung gesetzt bzw. vereinbart. Kurzfristig wirksam wurden auch unzählige neu ausgearbeitete und umfangreiche Unterrichtsmaterialien.

Dialogkampagne „Entscheidend bist DU!"

Mit der Dialogkampagne „Entscheidend bist DU!" wurde von den beiden Ministern ein neuer Weg gewählt. Bisher wurde im Zuge von Kampagnen eher informiert oder versucht, Aufmerksamkeit zu erzeugen, um Handlungsänderungen zu bewirken (z.B. zu den Themen „Rauchen" oder „Alkohol am Steuer"). „Entscheidend bist DU!" wollte auch informieren, aber im Mittelpunkt stand das Angebot zum Dialog. Demokratie sollte für junge Menschen greifbarer gemacht werden. Um lebendige Demokratie zu fördern, Politische Bildung zu stärken und Jugendliche in der Ausübung ihrer Rechte zu unterstützen, sollten sie für politische Vorgänge sensibilisiert und über die Vielfalt der Möglichkeiten politischer Beteiligung informiert werden.

Für die Demokratie-Initiative wurden gemeinsam mit Jugendlichen vier Claims entwickelt, einer davon: „Achselzucken oder aufzeigen?"

„Entscheidend bist DU!" war Name und Motto der Dialogkampagne, die gemeinsam mit der Agentur Trimedia und den Partnern PlanSinn (Module), Ovos (Website) und Sora (Evaluation) umgesetzt wurde. Der Dialog mit Jugendlichen stand dabei im Mittelpunkt. Auf der interaktiven Online-Plattform www.entscheidend-bist-du.at konnten Jugendliche in Video-, Text- und Audioblogs sowie auf Polipedia www.polipedia.at ihre Meinung zu politischen Themen artikulieren und diskutieren.

Die Kampagne bestand aus vier zentralen Modulen:

DemoACTION!

„Mund halten oder gestalten" war die provokante Frage des Jugendwettbewerbs DemoACTION! Hunderte Jugendliche zwischen 14 und 21 aus ganz Österreich waren aktiv und haben sich den hohen Anforderungen gestellt: Nämlich eigene Aktionen für mehr Demokratie und Politikbewusstsein in Österreich zu starten und diese zu dokumentieren - sei es auf Video, Audio oder als Poster. Die Bandbreite war groß und reichte von Projekten für mehr Mitbestimmung auf Gemeindeebene über Mitgestaltung in der Schule bis hin zum Entwurf eigener Spiele. Insgesamt wurden fünf Jurypreise und drei Publikumspreise vergeben.

DemoDATING

„Interessant, kritisch, informativ, zu kurz, noch mal ..." – das waren die Eindrücke bzw. der Wunsch der Beteiligten nach dem ersten DemoDATING in der Österreichischen Nationalbibliothek. Dabei trafen je zwei Jugendliche in 42 Gesprächen à fünf Minuten auf die PolitikerInnen Claudia Schmied (SPÖ), Johannes Hahn (ÖVP), Silvia Fuhrmann (ÖVP), Laura Rudas (SPÖ), Barbara Zwerschitz (Grüne), Gernot Darmann (BZÖ) und Johann Gudenus (FPÖ).

DemokraTISCH

Der DemokraTISCH steht für spontanen Dialog über Demokratie und Demokratieentwicklung. Als KriTISCH, PoliTISCH oder DemokraTISCH tauchte er bei der Demokratie-Initiative 20-mal in Schulen, im öffentlichen Raum, in Einkaufszentren, bei Events oder auch in Jugendzentren in Salzburg, Linz, Graz, Klagenfurt, Eisenstadt, Bregenz und Wien auf. Am DemokraTISCH diskutierten Jugendliche mit WissenschaftlerInnen, am PoliTISCH mit PolitikerInnen und am KriTISCH mit Personen aus der Zivilgesellschaft (NGOs etc.) über Fragen wie: „Was ist für dich eigentlich demokratisch? Was politisch? Was kritisch?"

So entstand eine lesenswerte Sammlung hunderter Definitionen und Aspekte der Demokratie, Politik und Zivilgesellschaft, die im Textblog auf der Website www.entscheidend-bist-du.at zum Nachdenken anregen sollten. Ein Jugendlicher am Schöpfwerk definierte KriTISCH zum Beispiel so: „Kritisch sein ist wie Mango-Chutney – süß, sauer, salzig und bitter", und für die 18-jährige Viktoria bedeutet demokratisch sein, „frei zu denken und zu handeln".

DemoLABS

Bei insgesamt zwölf DemoLABs trafen junge Menschen aus ganz Österreich auf ForscherInnen und dachten gemeinsam über aktuelle demokratiepolitische Fragen und die Zukunft von Demokratie nach: Mehr Demokratie durch e-voting und e-democracy? Wenn alle gleich behandelt werden, haben dann alle die gleichen Chancen? Macht Demonstrieren Sinn? Was hat Schule mit wählen zu tun? Wie viel Bildung braucht Demokratie? Braucht Demokratie Reichtum, damit sie funktioniert? Welche Rolle spielen die Medien in der Demokratie? Die DemoLABs fanden in Salzburg, Wien, Linz, Ried, an Universitäten, in Schulen, in Forschungseinrichtungen und Ministerien statt.

Die Ergebnisse all dieser Veranstaltungen und Projekte waren auf www.entscheidend-bist-du.at abrufbar (nunmehr auf http://ebd2.bmukk. gv.at).

„Entscheidend bist DU!" – Fakten und Zahlen

- DemoACTION!: 100e Jugendliche aus ganz Österreich mit über 50 Video-, Audio- und Posterbeiträgen und über 5.000 Online-Votings
- DemokraTISCH: 20 x in ganz Österreich mit PolitikerInnen, WissenschaftlerInnen und ExpertInnen und 3.000 DiskutantInnen
- DemoDATING: 3 x auf Tuchfühlung: PolitikerInnen unterschiedlicher Parteien und über 50 Jugendliche
- DemoLABS: 12 x mit WissenschaftlerInnen aus unterschiedlichen Bereichen und über 350 Jugendlichen
- DemoMOBIL: 15 x mobile Video-, Audio- und Textworkshops für Jugendgruppen, Vereine, Einrichtungen und Schulen in ganz Österreich
- www.entscheidend-bist-du.at:
  - Blogs: ca. 85 Video-Beiträge, ca. 130 originale Textblog-Einträge, ca. 50 Podcasts, Start des multimedialen Wiki-Guides (www.polipedia.at)
  - umfangreiches Informationsangebot und Newsletter
  - knapp 165.000 BesucherInnen
  - über 2,2 Millionen Seitenaufrufe

Barbara Blümel

Die Dialogkampagne wurde für mehrere Preise nominiert, u.a. für den Österreichischen Staatspreis für PR und den Politik-Award in Deutschland. Im November 2008 wurde ihr in der Kategorie Government Agencies and Parties der European Excellence Award verliehen, im April 2009 die Auszeichnung für die „Beste Dialogkampagne 2008" im Rahmen des Dialog- und Rednerpreises in Berlin.

Wurden die gesteckten Ziele erreicht?

Diese Frage ist natürlich nicht leicht zu beantworten. Ich möchte mich daher auf einige wenige Aspekte konzentrieren. Die vorgezogenen Nationalrats-Wahlen 2008 haben die Zielsetzungen noch aktueller gemacht. Der ursprünglich anvisierte Zeitplan zur Vorbereitung (Information) der ErstwählerInnen konnte zwar nicht umgesetzt werden, die Wahl hat die Aufmerksamkeit für die Demokratie-Initiative aber erhöht. Die Studien anlässlich der Wahl weisen darauf hin, dass Jugendliche die Wahlauseinandersetzung als auch Politik im Allgemeinen mit großem Interesse verfolgt haben. Sie waren an Informationen interessiert und hätten sich sogar noch mehr gewünscht. Neben der Möglichkeit zur Mitbestimmung sahen Jugendliche es als ihre staatsbürgerliche Pflicht an, wählen zu gehen.

Für die Gruppe der ErstwählerInnen wurden bis dato lediglich Schätzungen durchgeführt, dabei lag die Wahlbeteiligung der 18-25-jährigen immer deutlich unter dem Durchschnitt. 2005 (Wiener Landtagswahlen) und 2008 (NR-Wahlen) wurden für die Gruppe der ErstwählerInnen allerdings Kampagnen durchgeführt und danach repräsentative Umfragen erstellt. Die Ergebnisse zeigen, dass man in beiden Fällen eine gleich hohe Wahlbeteiligung der Jugendlichen im Vergleich zum Durchschnitt feststellen konnte. Generell gilt wohl: Redet man über Wahlen und wählen – in Kampagnen, in der Schule, in den Medien –, kann das die Wahlbeteiligung substantiell erhöhen. So betrachtet hat „Entscheidend bist DU!" sicher wesentliche Ziele erreicht, nämlich: Politik zum Thema zu machen, Jugendliche zu sensibilisieren und die Wahlbeteiligung der ErstwählerInnen zu erhöhen.

Eine Stärke der Dialogkampagne war dabei sicher auch das Commitment der tragenden Minister. Ihre Präsenz hat nicht nur in der Kampagne selbst, sondern auch in ihrer Wahrnehmung eine große Rolle gespielt. Die Entscheidung, die Kampagne nicht parteipolitisch im Wahlkampf zu nutzen, hat zudem die Glaubwürdigkeit erhöht. Erstmals in Österreich habe sich PolitikerInnen über Parteigrenzen hinaus getraut, sowohl online als auch offline koordiniert in Form von zuvor vereinbarten Schemata in den Dialog zu treten - und zwar ohne jegliche Vorgabe zu den Themen. Lediglich die großen Begriffe wie Demokratie und Partizipation standen fest.

Darüber hinaus entwickelten die Jugendlichen selbst ihre Themen, Fragestellungen und Lösungsvorschläge. Nicht unterschätzen darf man auch den Multiplikatoren-Effekt, nicht nur der Online-Plattform, sondern besonders auch der Module – insbesondere des DemokraTISCHes. Die Vielzahl an Aktivitäten führte zu einer Vielzahl an Ergebnissen und nicht zuletzt „Bildern" – im Kopf und im Fotoalbum der Beteiligten.

Was wären Lerneffekte für künftige Initiativen?

Prinzipiell wirkt eine derartige Kampagne für ein Gesamtziel unterstützend. Besonders Jugendliche sind sehr medienfreundlich, die Verankerung in der „realen" Welt ist allerdings unabdingbar. Wesentlich wäre es auch, für derartige Initiativen nachhaltige Vorgehensweisen stärker zu verankern. Natürlich wird es unmöglich sein, eine Kampagne permanent einzurichten, aber die erarbeiteten Ergebnisse sollten stärker für die Weiterarbeit genutzt werden. Dazu braucht es von Beginn an entsprechendes Commitment, aber auch die Entwicklung von Ritualen des Ergebnistransfers.

Meine Notizen und Ideen zum Thema:

Die Demokratiebotschafter
Ein Kampagnenaufruf für mehr Wahl-
beteiligung im Bundestagswahlkampf 2009

Dominik Meier und Peter Dyllick-Brenzinger,
MAP – die Kampagnenagentur

Wie kann man erfolgreich für mehr Wahlbeteiligung aktiv werden? Und dies in Zeiten, in denen es keine klar umrissene Gruppe der Nichtwähler mehr gibt? Die dialogorientierte „Word-of-Mouth"-Kampagne „Die Demokratiebotschafter" der Initiative ProDialog zeigte zur Bundestagswahl 2009, wie moderne Nichtwähler-Mobilisierung funktioniert.

Seit Mitte der Achtziger steigt die Zahl der Nichtwähler in Deutschland kontinuierlich an. Während 1983 noch 89,1% der Wahlberechtigten ihre Stimme bei der Wahl des Bundestags abgaben, sank dieser Anteil bis 2005 auf 77,7% bzw. 13,8 Millionen Nichtwähler. Diese wachsende Zahl der Nichtwähler fordert die Demokratie heraus. Ein repräsentativ aufgebautes demokratisches System, wie das der Bundesrepublik, lebt vom Engagement seiner Bürger. Und gerade in Krisenzeiten ist eine Regierung auf den hohen Zuspruch seiner Bürger angewiesen. Aber nicht nur das: Durch geringe Teilhabe leidet die Lebendigkeit der Demokratie – wichtige Einflussmöglichkeiten der Bürger bleiben ungenutzt. Die kontinuierlich steigende Zahl von Nichtwählern zwingt deshalb nicht nur zum Nachdenken, sondern auch zum Handeln.

Neuste Umfragen und Studien zeigen, dass es den klassischen Nichtwähler nicht mehr gibt. Nichtwähler bilden keine kohärente Zielgruppe mehr, sondern kommen aus allen Teilen der Gesellschaft und entsprechen keinem der althergebrachten Stereotype. Der Nichtwähler aus sozial prekären Schichten ist nur noch einer unter vielen. Am Ende der ersten Dekade des 21. Jahrhunderts kommt die Mehrheit der Nichtwähler aus der

Mitte der Gesellschaft, die von Parteien und Politikern verdrossen sind, die aber nicht Politik oder Demokratie als solche grundsätzlich ablehnen. Vor diesem Hintergrund entwickelte MAP - die Kampagnenagentur zusammen mit der Initiative ProDialog im Herbst 2008 eine innovative, überparteiliche Kampagne, um dem Trend der Nichtwahl bei der Bundestagswahl entgegen zu wirken.

Ansatz

Wie lassen sich Nichtwähler mobilisieren? Die Kampagnenmacher brachen diese Frage auf zwei Anforderungen herunter:

1) Wie lassen sich Nichtwähler in der Mitte der Gesellschaft überhaupt identifizieren, ansprechen und aktivieren?

2) Wie lässt sich Engagement und Begeisterung für die Bundestagswahl vermitteln, wenn eine thematische Mobilisierung mit (partei-)politischen Inhalten durch das Gebot der Überparteilichkeit nicht durchführbar ist?

Letztendlich entschieden sich die Initiative ProDialog und MAP - die Kampagnenagentur für eine konsequente Dialogstrategie, die in eine Mobilisierungskampagne in den letzten vier Wochen vor der Bundestagswahl 2009 mündete. Abgeleitet aus neueren Studien über (Nicht-)Wählermobilisierung war das Ziel der Kampagne, die direkte Ansprache potentieller Nichtwähler durch ihr persönliches Umfeld anzuregen. Je mehr Freunde, Bekannte und Familienangehörige über das Wählen reden und dem Wählen selbst offen gegenüberstehen, umso höher ist laut verschiedener Studien die Wahrscheinlichkeit, dass die jeweilige Person wählen geht.

So entstand der Ansatz einer breit angelegten „Word-of-Mouth"-Kampagne, in der die Bürger selbst aufgefordert wurden, Nichtwähler in ihrem Umfeld für die Wahlteilnahme anzusprechen und zu aktivieren. Diese vom Bürger initiierte Kommunikationsstrategie brach mit dem traditionellen „top-down"-Ansatz der Kommunikation. Eine vergleichbare

Nichtwähler-Mobilisierung hatte es in Deutschland bis dato nicht gegeben.

Für die inhaltliche Ausrichtung der Kampagne konnte MAP - die Kampagnenagentur auf neue Studien der Initiative ProDialog über das Verhalten von Nichtwählern zurückgreifen. Die Erkenntnisse aus diesen Studien belegen, dass Nichtwähler grundsätzlich zwar „die Politiker" oder „die Parteien" ablehnen, nicht aber die Demokratie als solche. Im Gegenteil: Auch bei Nichtwählern genießt die Demokratie eine hohe Akzeptanz. Die Mobilisierung der potentiellen Nichtwähler sollte daher nicht über parteipolitische Themen, sondern über die Bedeutung der aktiven Beteiligung im demokratischen System erreicht werden. Die Stimme jedes Wählers und das Engagement jedes Bürgers entscheiden über die Zukunft unserer Demokratie. Der Wahlakt als Voraussetzung für eine lebendige Demokratie stellte den argumentativen Kern der Kampagne dar. Gleichzeitig brachte diese Botschaft auch den Anspruch einer breit angelegten Ansprache aller Bürger zum Ausdruck.

Konzeption

Aufbauend auf dem Kampagnenansatz wurde eine Konzeption gewählt, die zwei zentrale Elemente umfasste: (1) Multiplikatoren mussten für die Kampagne gewonnen und (2) dazu gebracht werden, in ihrem eigenen Umfeld über die Bedeutung des Wählens zu sprechen. Ziel war es, die Unterstützer der Kampagne selbst zu Botschaftern einer höheren Wahlbeteiligung zu machen, die in ihrem sozialen Umfeld mit anderen über die Bedeutung des Wählens sprachen. Durch diese glaubwürdige und authentische Form des direkten Austauschs sollte das Interesse an der Bundestagswahl bei Uninteressierten geweckt bzw. gesteigert werden.

Die Herausforderung lag somit in der kommunikativen und organisatorischen Verschränkung, Multiplikatoren an sich zu binden und sie gleichzeitig zu Sprachrohren „von unten" - von der Basis aus - zu machen. Durch die Kampagne musste es gelingen, über den Aufbau des Dialogs mit Multiplikatoren die Botschaft in die Gesellschaft ausstrahlen zu lassen. Dies ergab einen dreigliedrigen Kampagnenaufbau: Gewinnung von Multiplikatoren, Verfestigung des Dialogs mit ihnen sowie die Organisation der Verbreitung der Botschaft.

Für die Umsetzung entschied sich das Kampagnenteam, auf drei Bereiche zu setzen: Mobilisierung von Unterstützern, Errichtung einer Kampagnenplattform und Durchführung von Aktionen. Die Mobilisierung lief über klassische Werbemaßnahmen, Online-Aktionen, eine Bustour durch Deutschland und begleitende Pressearbeit - jeweils ergänzt um Elemente der Dialogkommunikation. Zudem entwickelte die Kampagnenagentur unterschiedliche kreative Aktionen, die die gewonnenen Kampagnenteilnehmer unterstützten, sich in ihrem sozialen Umfeld aktiv für eine höhere Wahlbeteiligung einzusetzen. Vernetzt wurden sämtliche Aktionen durch eine interaktive Kampagnenplattform mit Community-Funktionalität.

Das Ergebnis dieser Überlegungen war die Kampagne „Die Demokratiebotschafter", die als „Word of Mouth"-Kampagne im Kampagnenzeitraum zwischen dem 1. und 27. September über 10.000 Personen für eine aktive Teilnahme gewinnen konnte.

Mobilisierung

Auch eine auf Dialog und „Word of Mouth" setzende Kampagne wie „Die Demokratiebotschafter" lebt von einer breiten Öffentlichkeitsarbeit, um das eigene Anliegen bekannt zu machen und Unterstützer zu gewinnen. Die Mobilisierung bildete die Grundlage der Kampagne. Die Kampagnenagentur nützte die unterschiedlichsten Kanäle und Medien, in deren Mittelpunkt immer die Aufforderung zum Mitmachen und zum Dialog stand. So stellten sämtliche Mobilisierungsmaßnahmen das Fundament für eine wirksame Verbreitung der Botschaft über die Multiplikatoren dar.

Den medienwirksamen Auftakt der Kampagne in Berlin bildeten eine Pressekonferenz und die erste Station der „Demokratiebotschafter on Tour" vor dem Brandenburger Tor - mit einem Besuch des Regierenden Bürgermeisters Klaus Wowereit. Die Kommunikationsarbeit begleitete alle

Aktionen der Kampagne und umfasste im Rahmen der „Demokratiebot-schafter on Tour" auch die Ansprache der Lokalredaktionen. Bei dieser Aktion handelte es sich um eine Bustour durch die 16 deutschen Lan-deshauptstädte, auf der freiwillige Helfer vor Ort mit Passanten ins Ge-spräch kamen. Die Freiwilligen verteilten Flyer, T-Shirts und Infomaterial rund um „Die Demokratiebotschafter" und die bevorstehende Bundes-tagswahl. In der Regel trafen sie auch den Oberbürgermeister der jewei-ligen Stadt am Stand, was zu einer breiten Berichterstattung in den lokalen Medien führte.

Die Demokratiebotschafter waren mit ihren Mitmach-Aktionen auf Tour durch ganz Deutschland – hier am Brandenburger Tor in Berlin

Die Bustour erfüllte damit eine erhebliche Mobilisierungs-Funktion: Menschen wurden auf der Straße angesprochen und für die Demokratie-botschafter gewonnen. Crossmedialität wurde erreicht, indem die Besu-cher der Bustour auf die Webseite www.diedemokratiebotschafter.de hingewiesen wurden und z.B. über das Hochladen von Fotos, weiter an-geregt wurden, der Kampagne treu zu bleiben.

Neben der begleitenden PR-Arbeit erfolgte die Mobilisierung der De-mokratiebotschafter auch über klassische Werbemittel, die immer um

Kontakt- und Responsemöglichkeiten für den Dialog ergänzt waren, so z.B. durch pro bono-Anzeigen in Lifestyle- und Wochenmagazinen wie „Focus" und „Bunte". Es war aber vor allem der Deutsche Post DHL zu verdanken, dass wichtige Distributionskanäle für die Kampagne offenstanden. Mit einem Titelbild und Editorial in der EinkaufAktuell wurde am 19. September 2009 bundesweit auf die Kampagne aufmerksam gemacht. Daneben ermöglichte die Deutsche Post DHL auch die Mobilisierung über ihre Verkaufsstellen. Fensterplakate und Flyer mit Response-Formular luden zur Teilnahme an der Kampagne ein. Über dieses Formular fanden besonders ältere Bürger zur Kampagne und engagierten sich als Demokratiebotschafter.

Durch die herausgehobene Position der Website war die Online-Mobilisierung über weitere wichtige Partner der Kampagne von großer Bedeutung. Hier waren es besonders die Medienpartner VZnet, BILD und Bild.de, die auf die Kampagne aufmerksam machten. Beide Partner verbanden die Hinweise auf die Kampagne jeweils mit dem Engagement für spezifische Aktionen der „Demokratiebotschafter" – so z.B. mit dem „Wahldate" und dem Flashmob „Stop!Think!Vote!". Zudem wies die Otto Group über ihr Intranet die ca. 50.000 Mitarbeiter auf die Demokratiebotschafter-Kampagne hin und verlinkte auf die Kampagnenplattform.

Kampagnenplattform

Die Dialogorientierung der Mobilisierungsstrategie bedingte eine hervorgehobene Position der Online-Kampagnenplattform. Auch wenn die Kampagne viele verschiedene Rückkanäle anbot, war die Website www.diedemokratiebotschafter.de das entscheidende Bindeglied zwischen Mobilisierung und den Kampagnenaktionen. Auf der Website konnten interessierte Bürger Demokratiebotschafter werden, sich untereinander in einer Community vernetzen und an den verschiedenen Aktionen der Kampagne teilnehmen. Über den Kampagnen-Blog und in regelmäßigen Newslettern wurden die Multiplikatoren über die neusten Entwicklungen auf dem Laufenden gehalten.

Ein Berliner Kampagnenbüro pflegte die Kampagnenplattform. Besetzt von Mitarbeitern der Initiative ProDialog, von MAP – die Kampagnenagentur und unterstützt von sechs Freiwilligen koordinierte das Büro sämtliche Aktivitäten der Kampagne und pflegte den Dialog mit den Demokratiebotschaftern. Außerdem hielt das Berliner Kampagnenbüro Kontakt zu jenen Botschaftern, die sich postalisch oder per Fax angemeldet hatten.

Kampagnenplattform www.diedemokratiebotschafter.de
und die Wahldate-Application auf StudiVZ/MeinVZ

Aktionen

Die Mobilisierung hatte ein klar formuliertes Ziel: So viele Menschen wie möglich als Demokratiebotschafter zu gewinnen, die sich für eine höhere Wahlbeteiligung und eine lebendigere Demokratie einsetzen. Die Kampagne bot diesen Botschaftern anregende und einfach umzusetzende Aktivitäten, mit denen sie selbst in ihrem sozialen Umfeld aktiv werden konnten. Dabei zielten diese Aktionen immer auf die Beschäftigung mit den Themen „Wahlen" und „Bedeutung der Demokratie" ab. Grundsätzlich sollte aber auch möglichst viel Raum für eigene Kreativität der Demokratiebotschafter bleiben.

Dominik Meier, Peter Dyllick-Brenzinger

„Demokratie ohne Wähler ist wie…"

Der Zitate-Wettbewerb „Demokratie ohne Wähler ist wie…" war nicht
nur die erfolgreichste Aktion der Kampagne, sondern gleichzeitig auch
die niedrigschwelligste. Durch das einfache Vervollständigen des Zitats
wurden die Teilnehmer dazu angeregt, über die Bedeutung des Wählens für die Demokratie nachzudenken. Eine Teilnahme war dabei nicht
nur online, sondern auch über einen Coupon im Editorial der Einkauf-
Aktuell möglich.

„Unsere Wahl – Mein Zeichen"

Die Aktion „Unsere Wahl – Mein Zeichen" rief „Demokratiebotschafter" dazu auf, das Wahlkreuz in ihrer Nachbarschaft kreativ nachzustel-
len und die Aktion mit einem Foto oder Video zu dokumentieren. Den
kreativsten Einsendungen winkte ein Preisgeld von insgesamt 2009 Euro.
Die Darstellung des Wahlkreuzes entwickelte eine doppelte Wirkung: Vor
Ort setzte der jeweilige Demokratiebotschafter in seiner sozialen Umge-
bung ein Zeichen für eine höhere Wahlbeteiligung und gab damit Anlass
zu Gesprächen über die Bundestagswahl. Auf der Kampagnenwebsite
konnten sich alle Interessierten parallel dazu die Einsendungen an-
schauen.

„L@uffeuer"

Die wohl unmittelbarste Umsetzung der Kampagnenidee in eine
Aktion war das „L@uffeuer". Menschen zu Demokratiebotschaftern zu
machen, in dem sie in ihrem eigenen Umfeld zum Wählen aufrufen, war
nicht nur die Idee der Kampagne, sondern auch dieser Aktion. Beim
„L@uffeuer" handelte es sich um eine E-Mail, die zur Stimmabgabe
motivierte und darum bat, dass der Empfänger sie weiterleitete, um Menschen in ganz Deutschland zur Teilnahme an der Bundestagswahl aufzurufen. Das Bild des Lauffeuers wurde auf der Website veranschaulicht:
Dort konnte jeder, der die E-Mail erhalten hatte, mit seiner Postleitzahl
den Empfang bestätigen. Im Laufe der Kampagne füllte sich so eine interaktive Deutschlandkarte und zeigte, wie erfolgreich sich die Nachricht
verbreitete.

„Stop! Think! Vote!"

Am Tag vor der Wahl setzten „Die Demokratiebotschafter" mit der Aktion „Stop!Think!Vote!" noch einmal ein öffentlichkeitswirksames Zeichen für mehr Wahlbeteiligung. Gemeinsam mit der VZnet-Gruppe organisierte das Kampagnenteam einen Flashmob auf dem Berliner Bebelplatz. Fünf Minuten wurde an diesem historischen Ort innegehalten und durch ein symbolisches Einwerfen des Wahlzettels in eine fiktive Urne auf die Bedeutung des Wählens hingewiesen. Organisiert wurde die Aktion über eine spezielle Gruppe auf studiVZ/meinVZ, die die Kampagne mehrmals auf der Startseite der beiden Social Networks bewarb. Menschen aus ganz Deutschland nahmen an der Aktion „Stop!Think!Vote!" und unterstützten das Anliegen der Demokratiebotschafter.

„Wahldate"

Am Wahltag endeten die Aktivitäten der Kampagne mit der Aktion „Wahldate". Amerikanische Forschungen zur Präsidentschaftswahl 2008 hatten gezeigt, dass Menschen, die schon im Vorfeld planen, wann, wo und mit wem sie wählen gehen, mit deutlich höherer Wahrscheinlichkeit auch tatsächlich das Wahllokal besuchen. Mit der Aktion „Wahldate" übertrug die Kampagne diese Idee unter Nutzung der Möglichkeiten des Web 2.0 auf Deutschland. Mit Hilfe der ersten politischen Application für die größten deutschen Social Networks studiVZ und meinVZ, konnten sich Nutzer für den Wahltag zum gemeinsamen Wählen verabreden.

Die Application - ein Programm, welches sich jeder Nutzer auf sein Profil laden konnte - erlaubte es, Ort und Inhalt des „Wahldates" einzutragen. Freunde, Bekannte und Nachbarn konnten sich diesem Termin in den Wochen vor der Wahl anschließen. Alle „Wahldates" fanden dabei einheitlich am 27. September um 15 Uhr statt - bundesweit. Die Aktion gab den Demokratiebotschaftern die Möglichkeit, potenzielle Nichtwähler zu überreden, gemeinsam ins Wahllokal zu gehen und ihr Engagement am Wahlsonntag gemeinsam mit Freunden und Bekannten zu einem runden Abschluss zu bringen.

Dominik Meier, Peter Dyllick-Brenzinger

Fazit

Die Kampagne „Die Demokratiebotschafter" hat gezeigt, dass auch schwierige Themen wie die Nichtwähler-Mobilisierung über eine dialogorientierte Kommunikationsstrategie thematisiert werden können. Die über 10.000 Bürger, die in den vier Wochen vor der Bundestagswahl aktiv an der Kampagne teilnahmen, unterstreichen den Erfolg, den eine „Word-of-Mouth"-Kampagne im politischen Bereich haben kann. Die beiden wichtigsten Elemente dieses Erfolgs waren die schlüssige Umsetzung eines modernen Dialogansatzes und das konsequente Ausschöpfen des Potenzials von Crossmedialität.

Die intelligente Verknüpfung verschiedener Kanäle und Medien – besonders zwischen der virtuellen und realen Welt – ist eine der größten kommunikativen Herausforderungen in einer zunehmend fragmentierten Gesellschaft. Aber nur durch eine solche Verknüpfung ist es möglich, authentisch zu einem Dialog aufzurufen und ihn dann kosteneffektiv und mit Breitenwirkung zu führen.

Die Kampagne hat aus diesem Grund die Vorteile der Mobilisierung über die klassischen Medien mit dem Instrument der persönlichen Kontaktaufnahme über einen schnellen und günstigen Online-Dialog kombiniert. Diese Verknüpfung bezog sich nicht nur auf die Bereiche Mobilisierung und Kampagnenplattform, sondern wurde in jeder der fünf beschriebenen Aktionen umgesetzt. Auch wenn der Impuls für Aktionen primär durch Online-Kommunikation gesetzt wurde, war es immer das Ziel, potentielle Nichtwähler über die Demokratiebotschafter in ihrer jeweiligen Lebenswelt zu erreichen und dort zu mobilisieren. Dies ist mit den Demokratiebotschaftern gelungen.

Die Mobilisierung und Bindung von Menschen wäre dabei ohne die konsequente Umsetzung eines Dialogs niemals möglich gewesen. Denn nur durch den kontinuierlichen Austausch zwischen den Botschaftern und der Kampagnenzentrale auf der einen Seite und den Botschaftern untereinander auf der anderen Seite, entstand eine belastbare Bindung, die die Grundlage für sämtliche Aktionen darstellte. Durch dieses Vorgehen gelang es, die Botschaft der Kampagne in die „Mitte der Gesellschaft" zu tragen. Dieser Grasswurzel-Ansatz entsprach dabei dem Kernanliegen der Kampagne, auf eine lebendigere Demokratie hinzuwirken und persönliche Betroffenheit für Belange der Demokratie zu erzeugen.

Und dennoch: Im Superwahljahr 2009 standen die Vorzeichen für eine hohe Wahlbeteiligung nicht gerade günstig. Besonders die geringe Polarisierung des Bundestagswahlkampfs, der aus der Situation einer Großen Koalition heraus geführt wurde, brachte leider einen neuen Negativrekord bei der Wahlbeteiligung. 10.000 Demokratiebotschafter waren schließlich doch zu wenige. Die Kampagne hat aber bewiesen, dass Nichtwählerkampagnen nicht für, sondern mit den Bürgern erfolgreich zu führen sind.

Dominik Meier, Peter Dyllick-Brenzinger

Meine Notizen und Ideen zum Thema:

Totgesagte leben länger – Warum sich der Brief im Superwahljahr 2009 behauptet hat

Heinz-Hermann Herbers, Deutsche Post DHL

Ein hartes Jahr für Wahlkämpfer und ihre Strategen geht zu Ende. Nicht weniger als 14 Wahlen (plus die des Bundespräsidenten) standen an: acht Kommunalwahlen, vier Landtagswahlen (Brandenburg, Saarland, Sachsen und Thüringen), Europawahl, Bundestagswahl.

Schwierig war vor allem, die Wähler für den Bundestagswahlkampf zu interessieren, den viele als inhaltlich langweilig empfanden („Duett statt Duell"). Sehr viele Wahlberechtigte legten sich – wie schon früher – bis zum Schluss nicht fest, ob und wenn ja, wen sie wählen sollten. Um die Unentschlossenen auf ihre Seite zu ziehen, führten die Parteien den Wahlkampf mit hohem Aufwand. Allein die Budgets von SPD und Union lagen bei jeweils 25 bis 30 Millionen Euro.

Es versteht sich von selbst, dass bei solchen Dimensionen im Nachhinein genau analysiert wird, wie die eingesetzten Mittel ankamen. Zu den überraschenden Erkenntnissen der Experten gehört das gute Abschneiden eines Wahlkampfmediums, das viele schon für tot erklären wollten: der Brief. Die Neuen Medien spielten in Deutschland hingegen nicht die große Rolle wie beim spektakulären Wahlkampf von Barack Obama in den USA. Nutzerzahlen und Aktivitätsraten blieben überschaubar. Anders als bei Obama – der mit über 200 Millionen US-Dollar intensiv in Mailings investierte – setzten die meisten Internetangebote der Parteien und Politiker ganz klassisch eher auf Information von „oben nach unten" als auf Dialog.

Dieser Befund sollte indessen nicht täuschen: Der Wandel kommt, wenn auch auf leisen Sohlen. Zu beobachten war, dass die politischen Parteien den Bürgerinnen und Bürgern weit mehr Dialog- und Beteiligungsmöglichkeiten einräumten als früher. Immerhin 27 Prozent der Werbeausgaben der Parteien flossen laut Nielsen-Analyse in das Dialogmarketing. So setzte die in den meisten Wahlen des Jahres 2009 erfolgreiche FDP erstmals mehr Mittel für Dialogmaßnahmen als für klassische Werbung ein. Auch die anderen Parteien schichteten ihre Budgets entsprechend um.

Bewährtes im neuen Gewand

Von dieser veränderten Art der Kampagnenführung profitierte das Medium Brief. In seiner modernisierten Form verbindet das bewährte Kommunikationsmittel heute die reale mit der virtuellen Welt und ermöglicht die treffsichere Ansprache ausgewählter Zielgruppen nach ihren parteipolitischen Neigungen. Auf diesem innovativen Weg brachten Mailing-Aktionen der Parteien oder ihrer Kandidaten im Wahljahr 2009 eine hohe Aktivierungsleistung. Studien belegen, dass Wählerinnen und Wähler sehr wirkungsvoll angesprochen und mobilisiert werden konnten. Das gilt auch und im besonderen Maße für die Erstansprache von Wählern.

Was macht ein Medium wie den Brief, den viele schon als hoffnungslos altmodisch abgeschrieben hatten, so erfolgreich? Die Antwort ist so einfach wie naheliegend: Die stärkste Interaktion im privaten Bereich ist das Gespräch, und dies findet noch immer weitgehend im familiären Umfeld oder im Kollegen- bzw. Freundeskreis statt.

Ein persönlich gehaltener, zielgruppengerecht adressierter Brief spricht direkt an, kann komplexe Sachverhalte vermitteln und lädt zum Dialog ein. Durch die Weitergabe des Briefes an Familienmitglieder oder Dritte werden auch diese einbezogen. Anders als im Internet, das zur trivialen, oberflächlichen Kommunikation neigt, können sich „echte" Gespräche ergeben. Eine schriftliche politische Information oder der Brief eines Kandidaten sind dafür als Grundlage oder Denkanstoß gut geeignet.

Die Frage bleibt, warum sich der Wahlkampf weniger stark als vermutet ins Internet verlagert hat. Eine Erklärung könnte sein, dass es in Deutschland immer noch für viele Menschen tabu ist, sich öffentlich zu ihrer parteipolitischen Präferenz zu äußern. Die fehlende „Bekenntniskultur" erschwert den Aufbau von Communities vor Wahlen wie in den USA und den Austausch in sozialen Netzwerken wie Blogs, Facebook, Twitter. Die sozio-kulturellen Gegebenheiten in Deutschland unterscheiden sich durchaus von denen anderer Länder, und eine gelingende Wähleransprache kann daran nicht vorbeigehen.

Was bleibt als Fazit? Unzweifelhaft wächst sowohl der Anteil der so genannten Neuen Medien als auch ihre Rolle in der politischen Kommunikation. Aber alleine sind sie nicht erfolgreich. Besonderheiten müssen beachtet werden, und es reicht nicht aus, nur in Wahlkampfzeiten zu bloggen oder zu twittern. Der Königsweg ist nach wie vor ein sinnvoll aufeinander abgestimmter medialer Mix, zu dem selbstverständlich der Brief in seiner modernen Form gehört.

Parteien- und Kandidatenservices der Deutschen Post

Seit Jahren schon engagiert sich die Deutsche Post, um den Dialog zwischen Wählern und Politikverantwortlichen zu fördern und insbesondere einen Beitrag zur Erhöhung der Wahlbeteiligung zu leisten. Motiv dafür ist einerseits gesellschaftliche Verantwortung, andererseits die Förderung des Kerngeschäfts rund um den Brief und seine Nebenprodukte.

Als Partner der Parteien und ihrer Kandidaten plant und realisiert die Deutsche Post Dialogmarketing-Aktionen im Rahmen von Wahlkämpfen und darüber hinaus. Das Angebot im Bereich der politischen Kommunikation umfasst zahlreiche Services, unter ihnen beispielsweise:

Zielgruppengenaue Ansprache mittels Parteiaffinitäten

In Kooperation mit dem Markt- und Politikforschungsinstitut dimap hat die Deutsche Post für die im Deutschen Bundestag vertretenen

Heinz-Hermann Herbers

Parteien das Angebot der so genannten Parteiaffinitäten entwickelt. Diese Affinitäten sind eine wichtige Grundlage von Mailing- und Canvassing-Aktionen der Parteien. Dabei werden Wählerpotenziale geografisch verortet, um Wähler gezielt ansprechen zu können. Die Methodik beruht auf statistischen Berechnungen, nicht auf Umfragen; alle datenschutzrechtlichen Bedingungen werden selbstverständlich eingehalten. Für das Wahljahr 2009 wurde dieser Service verfeinert und unterscheidet heute zum Beispiel auch nach Erst- und Zweitstimmenwahl.

Spezialisierte Beraterteams

Für die politischen Entscheider der Parteien setzt die Deutsche Post spezialisierte und parteispezifisch tätige Beraterteams ein. Bundesweit sind rund 120 geschulte Mitarbeiterinnen und Mitarbeiter aktiv. Sie stehen Parteigliederungen und Kandidaten auf Bundes-, Landes- und kommunaler Ebene als persönliche Ansprechpartner in Sachen Bürgerdialog zur Seite. Das Leistungsspektrum reicht von der Auswahl der gewünschten Zielgruppe über Kreation und Druck der Werbemittel bis hin zur Zustellung.

Forschung durch das Siegfried-Vögele-Institut

Beratung zum Thema politische Dialogkommunikation leistet die Deutsche Post auf wissenschaftlich fundierter Basis, in die sie erheblich investiert. Das Siegfried-Vögele-Institut (SVI) in Königstein ist eine Post-Tochter und berät politische Akteure unter anderem im Bereich der Zielgruppenauswahl oder der Gestaltung von Medien. Studien des SVI messen den Erfolg von Kampagnen auf der Grundlage repräsentativer Befragungen.

Aktivitäten der Deutschen Post im Wahljahr 2009

Dieses theoretische und praktische Rüstzeug der Deutschen Post bildete die Basis für zahlreiche Initiativen im Wahljahr 2009. Herausragendes Beispiel ist das Angebot eines exklusiven Kandidatenservices für die im Bundestag vertretenen Parteien, der die Direktkandidaten im Bundestagswahlkampf 2009 unterstützen sollte.

Der Kandidatenservice bestand aus einem eigens entwickelten, internetbasierten Wahlkreistool, einer kostenlosen Telefon-Hotline sowie einem Erststimmenreport als Hintergrundinformation. Hinzu kam ein Wahlkampfleitfaden mit Tipps rund um das Thema politische Dialogkommunikation.

Wahlkreistool für Canvassing und mehr

Das von der Deutschen Post und dimap entwickelte Wahlkreistool visualisierte Parteiaffinitäten für jede der im Bundestag vertretenen Parteien. Die grafische Darstellung umfasste die Wahlkreise und deren potenzielle Wählerhaushalte bis auf Straßenebene und bot damit Parteien und Kandidaten wertvolle Unterstützung für den Dialog vor Ort. Das Tool konnte gegen Entgelt gebucht werden und eignete sich sowohl zur Planung gezielter Ansprachen bei Canvassing-Aktionen als beispielsweise auch zur besseren Platzierung von Plakaten und Infoständen.

Kostenlose Kandidatenhotline

Für alle Bundestagskandidaten wurde in der Zeit vom 1. Juli bis zum 26. September 2009 eine Telefon-Hotline geschaltet. Mitarbeiter der Deutschen Post informierten dort kostenlos über Fragen zur Dialogkommunikation sowie postalische Fragen und rechtliche Vorgaben.

Erststimmenreport für Bundestagskandidaten

Im Auftrag der Deutschen Post wurde eine bundesweite Repräsentativerhebung zur Bekanntheit der Wahlkreisbewerber und der Bedeutung der Erststimme durchgeführt. Diese Informationen erhielten alle Bundestagskandidaten kostenlos mit dem Ziel, die politische Kommunikation zu professionalisieren und den politischen Akteuren fundierte Erkenntnisse über ihre potenziellen Wähler zu vermitteln.

Landing Pages

Für CDU, CSU, SPD und FDP richtete die Deutsche Post darüber hinaus parteispezifische passwortgeschützte Webseiten (Landing Pages) ein. Via Mailing wurden die Adressaten darüber informiert und erhielten einen partei- bzw. empfängerbezogenen Zugangscode. Auf ihrer Landing Page konnten die Nutzer zahlreiche, professionell aufbereitete Informationen zu den Themen Dialogkommunikation und Kandidatenservice abrufen. Kontaktadressen und der Wahlkampfleitfaden zum Download ergänzten das Angebot.

Sowohl der Kandidatenservice als auch die Landing Pages wurden von den Parteien im Bundestagwahlkampf 2009 positiv aufgenommen. Beide Angebote waren medienübergreifend konzipiert und kamen erstmalig in dieser Form in Deutschland zum Einsatz.

Werbestempel

Mit Hilfe eines speziellen Werbestempels leistete die Deutsche Post einen parteineutralen Beitrag zur Wählermobilisierung im Vorfeld der Bundestagswahl. Vom 24. August bis zum 26. September 2009 wurden rund 130 Millionen Sendungen in den Briefzentren der Post mit dem Sonderstempel versehen. Auch die Mailings, die Landing Pages und der Wahlkampfleitfaden der Deutschen Post trugen den Claim im Kopf oder auf dem Titel.

Mailing-Aktionen der Parteien im Wahljahr 2009

Alle größeren Parteien griffen im Bundestagswahlkampf 2009 und zum Teil auch bei Landtags- und Kommunalwahlen auf das Angebot der Deutschen Post im Bereich der politischen Dialogkommunikation zurück. Brief- und Postwurfsendungen wurden in hoher Zahl verschickt. Ihre Aufmachung war sehr professionell, die Integration von Responseangeboten – meist über On- und Offline-Kanäle – in den meisten Fällen selbstverständlich. Ausgewählte Best-Practice-Beispiele zeigen, wie dabei konkret vorgegangen wurde:

SPD-Mailings nach TV-Duell und in 44 Wahlkreise

Die SPD verschickte im Zeitraum von Anfang August bis Ende September laut Nielsen rund 43 Millionen Mailings im Wert von etwa drei Millionen Euro. Im Bund konzentrierte sie sich jedoch auf einen einzigen Brief kurz nach dem TV-Duell der beiden Spitzenkandidaten am 13. September 2009.

Absender des Mailings war Kanzlerkandidat Frank-Walter Steinmeier. Das Schreiben diente der Mobilisierung der Wählerschaft und wurde an 24 Millionen Haushalte als unadressierte Werbesendung zugestellt.

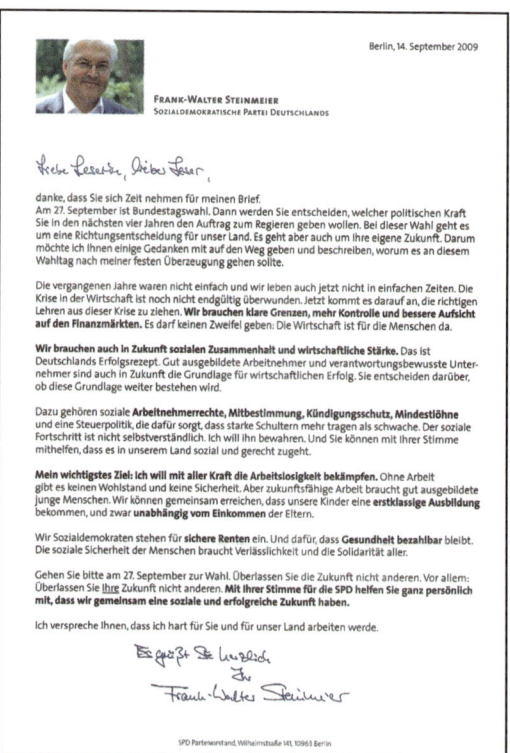

Brief von Frank-Walter Steinmeier an ca. 24 Millionen Haushalte in Deutschland

In 44 als „wackelig" geltende Wahlkreise verschickte die SPD gezielt Mailings, um die Wähler zu überzeugen und sie zum Gang an die Urne zu motivieren. Auch hier war der Kanzlerkandidat Absender der Schreiben, die wahlkreisspezifische Informationen und Wissenswertes zum jeweiligen Direktkandidaten enthielten. Die SPD versendete rund 4,8 Millionen Briefe als unadressierte Werbesendungen.

Zu Fundraising-Zwecken setzte die Bundes-SPD ebenfalls auf den Brief. Erstmalig in dieser Form sprach das Führungsduo Frank-Walter Steinmeier und Franz Müntefering die Mitglieder direkt an und verzeichnete in der Folge einen Anstieg der Parteispenden aus den eigenen Reihen.

Gezielte Ansprache von Senioren durch die CDU

Die Unionsparteien gaben in der Endphase des Bundestagswahlkampfs laut Nielsen rund 3,3 Millionen Euro für die Wahlwerbung per Brief aus. Auf Bundesebene fokussierte sich die CDU auf den deutschlandweiten Briefversand.

So richtete die Union in den letzten Tagen vor der Wahl einen Brief an CDU-affine Wähler über 65 und bat darin um Unterstützung für Angela Merkel. Das seriös gestaltete Mailing argumentierte zielgruppengerecht, Bild und Unterschrift der Bundeskanzlerin unterstrichen den persönlich gehaltenen Stil des Schreibens. Das Mailing wurde in einer Auflage von 4,25 Millionen bundesweit (bis auf Bayern) verschickt.

Interview von Angela Merkel in EINKAUFAKTUELL

Um Menschen in den Ballungsgebieten zu erreichen, nutzten die Wahlstrategen der CDU die Postwurfsendung EINKAUFAKTUELL. Dieser Service der Deutschen Post bietet Verbrauchern jede Woche regionale Haushaltswerbung und Informationen aller Art. Wöchentlich erreicht das Medium über 17 Millionen Haushalte in allen wichtigen Großräumen Deutschlands.

Einen Tag vor der Bundestagswahl war Kanzlerin Angela Merkel bundesweit auf dem Titelblatt mit einem großformatigen Bild und einer CDU-Wahlwerbung sowie mit einem ganzseitigen Interview im Innenteil präsent. In Kombination mit dem „Senioren-Mailing" erreichte die CDU damit alle relevanten Haushalte in ganz Deutschland mit einer persönlichen Botschaft von Angela Merkel.

Angela Merkel auf dem Titel von EINKAUFAKTUELL am Tag vor der Bundestagswahl

Integrierte Kommunikation und Sommerblumen von der FDP

Die FDP setzte von allen Parteien am entschiedensten auf das Medium Brief. Sie integrierte Responsemöglichkeiten und richtete ihre Aktionen mit Hilfe ausgewählter Adressen auf bestimmte gesellschaftliche Grup-

Heinz-Hermann Herbers

pen. Dadurch konnten die Mailings mit sehr individuellen Botschaften arbeiten.

So skizzierten die Freien Demokraten in einem Schreiben von Guido Westerwelle an FDP-affine Haushalte Mitte September ihr Programm für die Bundestagswahl und baten um Unterstützung. Per Fax-Rückantwort konnten Informationen angefordert werden, ergänzt um einen Spendenaufruf, Kontaktadressen und Möglichkeiten, sich für die FDP zu engagieren. Das Schreiben wurde in einer Auflage von rund 300.000 Stück bundesweit verschickt.

Postkarte von Guido Westerwelle an vier Millionen Haushalte

Im Rahmen der Schlussmobilisierung versendete die FDP eine Postkarte im auffälligen DIN A5-Format. Sie forcierte damit ihre Zweitstimmenkampagne und konzentrierte sich wieder auf FDP-nahe Haushalte bundesweit. Rund vier Millionen Sendungen wurden von der Deutschen Post unmittelbar vor der Wahl zugestellt.

Die FDP-Bundespartei startete darüber hinaus mehrere kleinere Brief-Aktionen in Kooperation mit den Landesverbänden, darunter ein Mailing zur Landtagswahl in Thüringen Ende August 2009. Hier verschickte die FDP unter dem Slogan „Wir sorgen für Wachstum" ein Mailing mit einer Samentüte voller Sommerblumen. Das Schreiben ging an 148.000 ausgewählte Haushalte und stieß auf sehr positive Resonanz.

Auch BÜNDNIS 90/DIE GRÜNEN und die LINKE setzten diverse Mailing-Aktionen um, jedoch in weit geringerem Umfang. Beide Parteien nutzten den Brief vorrangig zur Ansprache potenzieller Erstwähler.

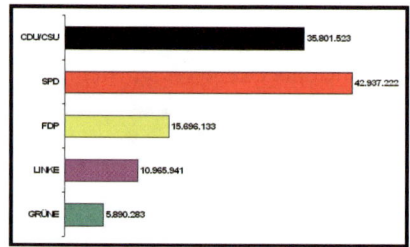

Anzahl von Direct Mailings im Wahlkampf (Aug. – Sept. 2009)
Quelle: Nielsen

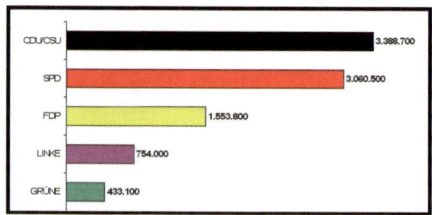

Ausgaben für Direct Mail im Wahlkampf in Euro (Aug. – Sept. 2009)
Quelle: Nielsen

Insgesamt erhielt die Deutsche Post im Superwahljahr 2009 rund 2.700 Aufträge aus dem Umfeld der politischen Parteien und wickelte rund 140 Millionen Sendungen ab. Allein das Volumen zur Bundestagswahl

Heinz-Hermann Herbers

betrug rund 860 Aufträge und 90 Millionen Sendungen. Im Vergleich zur Bundestagswahl 2005 stieg der Umsatz je Wahlberechtigtem um das Vierfache.

Ausblick

Dialog funktioniert und emotionalisiert über persönliche Botschaften. Der Brief ist dafür nachweislich am besten geeignet. Er ist zuverlässig, sicher und einfach. Er stößt den Dialog an und wirkt wähleraktivierend. Vor allem in seiner fortentwickelten Form, ergänzt um neue Methoden der Zielgruppenauswahl („Parteiaffinitäten") ist der Brief auch ein innovatives Medium und ein sehr effektives Dialoginstrument.

Der Brief beansprucht dabei keine Alleinstellung, sondern lässt sich hervorragend in Kampagnen aller Art integrieren. Er verbindet Off- und Online-Welten und kann dazu beitragen, die eingesetzten Medien sinnvoll zu verknüpfen.

Diese Vielseitigkeit ist einzigartig und sichert dem Medium Brief in der politischen Kommunikation und der Wähleransprache weiterhin einen Spitzenplatz. Indem der Brief den Dialog zwischen Wählern und Politikverantwortlichen fördert, trägt er nicht zuletzt zu einer Erhöhung der Wahlbeteiligung bei. Prognosen über das Ableben des Briefs als Kommunikationsinstrument der Politik haben sich damit nicht erfüllt – Totgesagte leben eben oft länger. Der Brief jedenfalls ist so aktuell wie nie.

Meine Notizen und Ideen zum Thema:

Ausblick

Kerstin Plehwe, Initiative ProDialog

Die Beiträge in diesem spannenden Sammelband haben gezeigt: Die Welt der Kommunikation verändert sich – und zwar grundlegend. Das *ancien regime* der eindimensionalen Massenmedien alter Prägung verliert sichtbar an Wirkungskraft. Der Dialog ist hingegen gemeinsam mit einem emanzipierten Konsumenten auf dem Vormarsch. Und er erwirkt gravierende und oft unerwartete Veränderungen innerhalb und außerhalb von Organisationen.

Allerdings ist diese Dialog-Revolution kein lauter Ansturm auf die Bastille, sondern ein steter Wandlungsprozess, der das Paradigma der Kommunikation Schritt für Schritt, Kampagne für Kampagne, Projekt für Projekt verändert. Und dennoch braucht dieser Wandel mutige und originelle Macher, die die Zeichen der Zeit erkannt haben und sich trauen, neue Wege zu gehen. Genau solche Menschen haben ihre Projekte in diesem Sammelband vorgestellt.

Gemein ist all diesen Best-Practise-Beispielen, dass sie die Kommunikation nicht mit einem neuen Utopismus revolutionieren, sondern sich zu den guten, alten Werten des kommunikativen Miteinanders bekennen: dem Dialog. In der Tat betonen alle Autoren, dass es heute mehr denn je darauf ankommt, das Gespräch in den Mittelpunkt der Kommunikation zu stellen. Und dies nicht nur vertikal zwischen Unternehmen und Kunde, zwischen Nonprofit-Organisation und Spender oder zwischen Partei und Wähler. Nein, in Zukunft wird der Erfolg von Kommunikation maßgeblich davon abhängen, ob sie horizontal verläuft, also Teil der Alltagsgespräche wird, die zwischen Menschen zu Hause am Küchentisch, am Kaffeeautomaten im Büro oder in den sozialen Netzwerken im Internet stattfinden.

Um Teil dieser Gespräche zu werden, bedarf es – fasst man die Aussagen der Autoren dieses Sammelbandes zusammen - drei wesentlicher Dinge. Erstens muss eine Botschaft heute Erzählwert haben, den sie vor allem durch Emotionalität gewinnt. Das haben insbesondere die Beispiele der NGOs Kinderzukunft, Caritas, der Erzdiözese Freiburg und Reporter ohne Grenzen in diesem Sammelband deutlich gemacht. Nur wenn ein Thema jemanden persönlich betrifft und berührt, wird er oder sie sich die Zeit nehmen, mit seinen Mitmenschen darüber zu sprechen und zu handeln. Kurzum: Es ist die Leidenschaft für ein Thema, ein Projekt, eine Botschaft oder Marke, die Dialoge wirkungsstark macht.

Zweitens bedarf es viel Kreativität, um aus dem Informationsüberfluss hervor zu stechen. Alle Best-Practise-Beispiele in diesem Buch haben gezeigt, dass es sich lohnt, die eigene Sache mit dem nötigen Schuss Originalität zu „bewerben" und den Mut zu haben, die alten ausgetretenen Pfade der Kommunikation zu verlassen. Originell kann ein Stundenplan guatemaltekischer Kinder sein, ein papierloses Mailing für potenzielle eFly-Kunden, das Date vor der Wahlkabine oder der Aufbau einer fiktiven Gefängniszelle vor dem Brandenburger Tor.

Drittens benötigt es Multiplikatoren, die in ihrem persönlichen Umfeld zu Botschaftern – zu „one-man evangelists" (Thomas Gensemer) - werden. Die FDP nennt dies: den „Einzelnen größer machen". Dieser Satz deutet das wahre revolutionäre Potenzial von Dialog-Kommunikation an. Im Mittelpunkt steht der Mensch, nicht das Produkt, die Organisation oder das Parteiprogramm. Egal, ob in einer Diskussionsrunde im Flughafen Tempelhof, am demokraTisch in Wien, beim Social Dating in Düsseldorf, im Beitrag eines sozial ausgegrenzten Menschen auf www.soziale-manieren.de oder als Sympathisant der GRÜNEN, der sich irgendwo in Deutschland in den Wahlkampf einbringen möchte. Immer sind es „echte" Menschen, die für eine Sache eintreten, sie vertreten, sie verkörpern und die – wie es Kai Löhde, Ralph Poser und Dominik Meier in ihren Beiträgen betonen – per word of mouth für sie werben.

Kerstin Plehwe

In einer Gesellschaft, in welcher der Hunger nach Authentizität groß ist und der Wunsch nach Glaubwürdigkeit die persönliche Agenda bestimmt, wird deutlich: Die Zeiten des Spin-Doctoring und der glatt gebügelten, lebensfremden, übertreibenden Werbesprüche sind vorbei. Die Beispiele in diesem Sammelband zeigen, dass Botschaften immer dann wahr- und ernst genommen werden, wenn sie ehrlich und authentisch sind, und wenn sie sich am Leben der Angesprochenen orientieren.

Es zeigt sich: Glaubwürdigkeit ist zum neuen Goldstandard der Kommunikation geworden. Marken und Organisationen werden in Zukunft nicht mehr nur an der Größe ihrer Werbeetats gemessen, sondern an ihrer Bereitschaft, so offen und transparent wie möglich zu agieren und zu kommunizieren. Man darf sich nichts vormachen: In einer so schnellen und informationshungrigen Welt wie unserer werden Widersprüche zwischen Reden und Handeln in Zukunft schonungslos aufgedeckt werden.

Dialogorientierte Kommunikation kann helfen, all diese neuen Herausforderungen zu meistern und für alle Beteiligten Win-Win-Situationen zu generieren. Ich wünsche Ihnen, dass Sie viele dieser Dialog-Erfolge erleben und danke den Autoren, die den Sammelband mit Ihrem Wissen bereichert und Ihnen einen Blick in ihre Kampagnenerfolge ermöglicht haben.

Wenn wir Ihnen als Leser neue Impulse und Ideen mitgeben konnten, die Sie in Ihrer täglichen Arbeit voranbringen, dann sind wir zufrieden und freuen uns - ganz im Sinne eines guten Dialoges - auf einen weiterführenden, beidseitig gewinnbringenden Austausch!

Die Autoren

Erik Backes

Geboren 1963. Nach Ausflügen in den Journalismus (FAZ; WDR) arbeitete er ab 1987 als freier Texter/Konzeptioner im Raum Frankfurt, vor allem in der klassischen Werbung (Auto, Pharmazie, Investitionsgüter). 1995 ging er zu Wunderman Cato Johnson als Konzeptioner für Ford. Seit 2003 arbeitet Erik Backes als Executive Creative Director und leitet die Kreation von Wunderman Frankfurt. Er hat Erfahrung mit diversen Produktlaunches (Beispiele: Ford Ka, Jaguar XF, Bayer Advantage). Aktuelle Kunden sind u.a. DHL, Jaguar, Hewlett Packard und Lufthansa.

Hans-Jürgen Beerfeltz

Am 8. April 1951 in Lübeck geboren, Soziologie studiert in Hamburg, Büroleiter von Otto Graf Lambsdorff in Bonn, war bis 1995 Vizepräsident der Bundeszentrale für politische Bildung. Der langjährig aktive Liberale, seit 1969 FDP-Mitglied, trat mit diversen Veröffentlichungen zu Themen der politischen Bildung, der allgemeinen gesellschaftlichen Entwicklungen, mit eigenen Dokumentationen, Buch-Beiträgen und Artikeln an die Öffentlichkeit. 1995 wurde er Bundesgeschäftsführer der FDP und war als solcher auch für Strategie, Organisation und Kampagnenplanung verantwortlich, insbesondere auch für die FDP-Bundestagswahlkampagne 2009. Seit November 2009 ist er Staatssekretär im Bundesministerium für wirtschaftliche Zusammenarbeit und Entwicklung.

Barbara Blümel

Mag. phil., MAS (PR), Studium der Politikwissenschaft, Publizistik und Geschichte in Salzburg und Warwick (GB); postgradualer Universitätslehrgang für Öffentlichkeitsarbeit an der Uni Wien; 1992-1998 in versch. Funktionen am Senatsinstitut für Politikwissenschaft der Uni Salzburg tätig; seit 1999 als wiss. Mitarbeiterin in der Parlamentsdirektion beschäftigt; 2003-2005 im Büro des Österreich-Konvents zugeteilt; 2007-2009 Projektleiterin der "Demokratie-Initiative" im Bundesministerium für Unterricht, Kunst und Kultur (für diese Zeit karenziert).

Maik Bohne

Projektleiter beim Internationalen Institut für Politik und Gesellschaft (IIPG). Studium der Politikwissenschaften an der Universität Göttingen und an der University of California, Irvine. Nach seiner Zeit als wissenschaftlicher Mitarbeiter am Lehrstuhl von Prof. Dr. Peter Lösche widmete er sich ab 2006 seiner Dissertation mit dem Titel „Parteinetzwerke in US-amerikanischen Wahlkämpfen", die mittlerweile kurz vor dem Abschluss steht. Maik Bohne ist Co-Autor des Buches „Von der Botschaft zur Bewegung – Die 10 Erfolgsstrategien des Barack Obama."

Peter Dyllick-Brenzinger

Diplom-Politologe, seit April 2007 bei der Kampagnenagentur tätig. Schwerpunkte seiner Beratertätigkeit sind Targeting, Direct Mail, Online-Kommunikation und Dialogkampagnen. Im US-Präsidentschaftswahlkampf 2004 lernte er das große Potential von strategischer Dialogkommunikation kennen und pflegt seither enge Verbindungen in die USA für einen konstruktiven Ideenaustausch.

Barbara Fank-Landkammer

Barbara Fank-Landkammer arbeitete von 1990 bis Ende 2006 bei verschiedenen Caritasverbänden in den Bereichen Migration, Sozialpsychiatrie und Öffentlichkeitsarbeit. Drei Jahre war sie als Entwicklungshelferin in Peru tätig. Seit Anfang 2007 leitet sie das Referat Öffentlichkeitsarbeit und Fundraising beim Deutschen Caritasverband.

Thomas Gensemer

Geschäftsführender Gesellschafter der Internet- und Strategieberatung Blue State Digital mit Sitz in Washington, DC und in New York, die unter anderem den Online-Auftritt www.barackobama.com konzipiert und gestaltet hat. Er arbeitet für Blue State Digital seit 2005, hat zuvor aber Erfahrungen in den Bereichen Risikokapitalmanagement, Produktmarketing und im Management von Startup-Unternehmen aus der Technologiebranche gemacht.

Heinz-Hermann Herbers

Heinz-Hermann Herbers, geboren 1951, studierte Volkswirtschaft und Publizistik an der Universität Göttingen. Er arbeitete am Institut für Kommunikationswissenschaft und Publizistik der Universität Göttin gen und als Referent für Medienforschung. 1979 wechselte er zur Deutschen Bundespost. Er ist seit Januar 2004 Geschäftsbereichsleiter Vertrieb BRIEF öffentlicher Sektor bei der Deutschen Post AG.

Ingrid Holzmayer

Jahrgang 1974, verantwortet seit 2008 die Öffentlichkeitsarbeit und das Fundraising für die deutsche Sektion von Reporter ohne Grenzen. Zuvor war die Buchhändlerin, Historikerin und Projektmanagerin als Beraterin in einer Sozialmarketing-Agentur tätig und baute das Fundraising für eine Organisation der Entwicklungszusammenarbeit auf.

Ursula-Kapp-Barutzki

Seit 2005 Leiterin „Kommunikation und Marketing" von CARE
Deutschland-Luxemburg. Sie war stellvertretende Vorsitzende vom Deutschen Fundraising Verband und Mitgründerin des Fundraiserinnen Netz-
werkes, ist Mitglied des Prüfungsteams bei der Fundraising Akademie
sowie zeitweise tätig als Dozentin über Themen des Sozialmarketings bei
Berufsakademien und Hochschulen.

Lutz Kordges

Lutz Kordges (36) ist Senior Consultant bei Publicis Consultants. Der
langjährige TV-Journalist leitet das Corporate und Issue Management
Team am Standort Berlin. Zu seinen Schwerpunkten gehören Kampagnen
für Unternehmen und politische Institutionen, Krisenkommunikation
sowie die Bereiche Fernseh-PR und Medientrainings.

Steffi Lemke

Steffi Lemke, geboren 1968 in Dessau, machte eine Ausbildung
zur Zootechnikerin und studierte dann von 1988 bis 1993 Agrarwissen-
schaften an der Humboldt-Universität Berlin. Von 1993 bis
1994 war Lemke Fraktionsgeschäftsführerin der Stadtratsfraktion Bür-
ger/Forum/Grüne in Dessau und gehörte dem Landesvorstand Sachsen-
Anhalt an. 1994 wurde sie erstmals in den Deutschen Bundestag gewählt,
dem sie acht Jahre lang angehörte. Hier war sie ab 1998 Parlamentari-
sche Geschäftsführerin der Fraktion. Seit Dezember 2002 ist Lemke
Politische Bundesgeschäftsführerin von BÜNDNIS 90/DIE GRÜNEN. In
dieser Funktion leitete sie deren Europawahlkampf 2004 und war Mitglied der Leitungsgruppe der ersten gemeinsamen Europawahlkampagne
der Europäischen Grünen Partei (EGP). 2009 leitet Lemke den Europa-
und Bundestagswahlkampf von BÜNDNIS 90/DIE GRÜNEN.

Kai Löhde

Kai Löhde kümmert sich seit Anfang 2010 als Chief Operative Officer der argonauten G2 um die stärkere internationale Ausrichtung der Multi-Channel-Agentur. Der ehemalige Mediaplaner und selbstständige Kommunikationsberater hat zuvor viele Jahre als Managing Director des Düsseldorfer und des Hamburger argonauten G2 Office das operative Geschäft beider Standorte geleitet und die Zusammenarbeit zwischen den Agenturniederlassungen erfolgreich vorangetrieben. Während dieser Zeit konnte er eine große Expertise im Word of Mouth-Marketing aufbauen und zeigt am Beispiel Pedigree GelenkAktiv, das die älteste Form des Marketings auch ohne Internet funktioniert.

Dominik Meier

Gründete 1997 mit Constanze Miller „miller und meier consulting", Politikberatung und Public Affairs, Berlin/Brüssel. Schwerpunkte von Meiers Arbeit sind Public Affairs, Lobbying, politische Kommunikation, Strategieberatung und Kommunikationskampagnen. Im Jahr 2002 initiierte Dominik Meier die Deutsche Gesellschaft für Politikberatung e.V. (de'ge'pol), deren Vorsitzender er seither ist. Im Jahr 2007 gründete Dominik Meier „MAP – die Kampagnenagentur", um neue zielgerichtete Formen politischer Kommunikation und Kampagnen nach Deutschland zu bringen.

Hugo W. Pettendrup

Gründer und Geschäftsführer des Fundraising- und CSR-Unternehmens HP-FundConsult, welches sich als Bindeglied und Partner zwischen Privatpersonen, Wirtschaftsunternehmen und gemeinnützigen Organisationen versteht. Er ist gelernter Bankkaufmann, Diplom-Betriebswirt und Fundraising-Manager (FA). Er hat langjährige Berufserfahrung im Bankwesen und in der Wirtschafts- und Unternehmensberatung. Neben der Begleitung von Projekten in Entwicklungsländern ist er seit vielen Jahren im In- und Ausland in diversen Vorstandsgremien ehrenamtlich tätig.

Er vermittelt neueste Entwicklungen auf dem Fundraisingmarkt durch die Zusammenarbeit mit der Fundraising Akademie gGmbH in Frankfurt und dem Deutschen Fundraising Verband. Als Brücke zwischen Profit und Non-Profit sind Kooperationen und Partnerschaften mit der Wirtschaft und CSR/CC-Projekte ein wesentlicher Schwerpunkt seiner Arbeit.

Kerstin Plehwe

Gründerin des Internationalen Instituts für Politik und Gesellschaft und Vorsitzende der überparteilichen Initiative ProDialog in Berlin. Die langjährige Beraterin von Führungskräften versteht sich als Grenzgängerin zwischen Wirtschaft, Politik und Zivilgesellschaft. Als Kommunikationsexpertin hat sie zahlreiche internationale Wahlkämpfe und Kampagnen analysiert, für Hörfunk und Fernsehen kommentiert sowie mehrere Bücher veröffentlicht. Zudem engagiert sie sich in unterschiedlichen gemeinnützigen Organisationen. Nach Lebensstationen in Südafrika, USA und Japan lebt sie heute in Berlin und Hamburg.

Ralph Poser

Jahrgang 67, startete mit Jura an der FU Berlin, machte ein Auslandssemester an der Columbia University in N.Y., wechselte an die HdK Berlin, die er mit einem Diplom als Kommunikationswirt beendete. Stationen nach dem Studium waren die Strategische Planung bei der LINTAS und die erste reine Planning-Agentur in Deutschland &Equity, beide in Hamburg. 1999 ein Abstecher nach Düsseldorf zur englischen Agentur Leagas Delaney. Nach einem Jahr zurück nach Hamburg zu Jung v. Matt. Nach knapp 7 Jahren Wechsel nach Frankfurt und Start bei Ogilvy. Als Chief Planning Officer seit Anfang 2009 für die Strategische Planung am Standort Frankfurt verantwortlich.

Manuela Roßbach

Seit 2005 Geschäftsführerin von Aktion Deutschland Hilft - dem Bündnis der Hilfsorganisationen. Davor führte sie sieben Jahre die Geschäfte von CARE Deutschland und war Vorsitzende der Deutschen CARE Stiftung. Sie hatte verschiedene Vorstandspositionen im gemeinnützigen Sektor inne, war Mentorin für die Europäische Akademie für Frauen in Politik und Wirtschaft. Sie ist Mitglied im Bundesverband der Frau in Business und Management (BMBF).

Prof. Dr. Dr. Helmut Schneider

Inhaber des SVI-Stiftungslehrstuhls für Marketing und Dialogmarketing, School of Management and Innovation an der Steinbeis-Hochschule Berlin. Er ist Lehrbeauftragter an der Universität Münster und der Marmara Universität Istanbul. Zudem ist er Gründungsdirektor des Forschungszentrums für Familienbewusste Personalpolitik (FFP) an der Universität Münster. Zu seinen Arbeitsschwerpunkten zählen Fragen des interkulturellen, gesellschaftlichen und medialen Dialogs sowie der verhaltenswissenschaftlichen Preisforschung und des strategischen Marketings.

Udo Schnieders

Geboren 1961 in Köln. Er studierte katholische Theologie in Bonn und ist ausgebildeter Berater, Personal-, Organisationsentwickler und Fundraiser. Nach langjähriger Tätigkeit in unterschiedlichen seelsorglichen Feldern für verschiedene Bistümer, wechselte er 2002 in das kirchliche Fundraising. Seit 2007 leitet er die Stabsstelle Fundraising im Erzbistum Freiburg.

Anita Stoll

M.A., studierte Romanistik und Germanistik an der Universität Mannheim. Einstieg in die Werbebranche als Text-Trainee 1995. Nach Stationen bei verschiedenen Agenturen seit 2004 Creative Director bei den argonauten G2 in Frankfurt.

Anne Stroschein

M.A., studierte Germanistik, Psychologie und Wirtschaftswissenschaften an der Universität Bielefeld und am King's College London. Seit 2005 arbeitet sie als Werbetexterin in der Agentur argonauten G2 in Frankfurt.

Cornelia Wolff

Werbekauffrau und Diplomsoziologin. Seit 2007 leitet sie die Abteilung Marketing, Öffentlichkeitsarbeit und Fundraising bei der Kinderzukunft (Rudolf-Walther-Stiftung). Zuvor arbeitete sie für die argonauten G2 (Frankfurt), die Flüchtlingshilfsorganisation exilio (Lindau) und ARD Sales & Services (Frankfurt).

Mit Dialogmarketing zum Wahlerfolg
Kerstin Plehwe (Hrsg.)

Erscheinungsjahr: 2005
Verlag: Helios Media GmbH, Berlin
ISBN: 3-9810024-1-5

Wie ist eine gezielte und erfolgreiche Wähler–
ansprache in Zeiten von Informationsüberflutung
möglich? Der gesellschaftliche und mediale
Wandel erfordert auch in der Politik neue
Kommunikationswege.

Der Praxisleitfaden „Mit Dialogmarketing zum
Wahlerfolg" analysiert die Relevanz des
Dialogmarketings als Kommunikationsmittel
speziell für Parteien und Organisationen.
Neben einem Gesamtüberblick über die einzelnen
Formen finden Fragen der Mobilisierung,
des Fundraising und der Mitgliederbindung
besondere Beachtung.

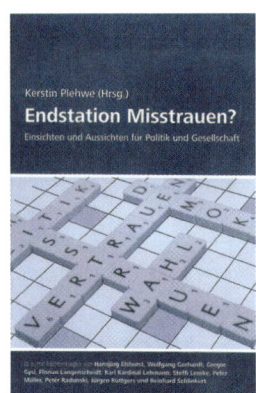

Endstation Misstrauen?
Einsichten und Aussichten für Politik und
Gesellschaft
Kerstin Plehwe (Hrsg.)

Erscheinungsdatum: 2006
Verlag: Helios Media GmbH, Berlin
ISBN: 3-9811316-1-4

Skepsis und Misstrauen prägen zunehmend das
Verhältnis zwischen Bürgern und Politikern.
Dies spiegelt sich oft in den Medien unter dem
Stichwort „Politikverdrossenheit" wieder. Konkrete
Lösungsansätze fehlen aber noch oftmals.

Klar ist aber: Es besteht ein akuter Handlungsbe-
darf, verloren gegangenes Vertrauen durch
einen verstärkten Dialog zwischen Politikern und
Bürgern wieder aufzubauen.

Der Sammelband Endstation Misstrauen? Einsichten und Aussichten für Politik und Gesellschaft
beleuchtet die Ursachen des Vertrauensverlustes
gegenüber Politikern und Parteien aus den unterschiedlichen Blickwinkeln von Politik, Wirtschaft,
Wissenschaft und Gesellschaft.

Die Autoren sowie die Herausgeberin Kerstin
Plehwe, die Vorsitzende der Initiative ProDialog,
präsentieren eine vielschichtige Analyse, die viele
Lösungsansätze und Anregungen für einen neuen
gesellschaftlichen Dialog enthält.

Die Kampagnenmacher
Kerstin Plehwe (Hrsg.)

Erscheinungsjahr: 2007
Verlag: Helios Media GmbH, Berlin
ISBN: 3-98113-165-7

An Hand von internationalen Best-Practice-Beispielen werden die Strategien und Instrumente erfolgreicher Kampagnen aus Politik, Wirtschaft und Zivilgesellschaft aufgezeigt.

Das Buch gibt Kommunikationsverantwortlichen und interessierten Lesern Einblicke in erfolgreiche Kampagnenführung und soll dazu ermutigen, neue Wege in der Kommunikation anzuwenden.

„Die Kampagnenmacher" zeigt die massiven gesellschaftlichen und medialen Veränderungen sowie die daraus resultierenden Konsequenzen für erfolgreiche Kommunikation auf. Dabei gewährt das Buch wertvolle Einblicke hinter die Kulissen, u. a. in Kampagnen des Bundesministeriums für Umwelt, Naturschutz und Reaktorsicherheit, Greenpeace, des Niederländischen Gesundheitsministeriums, der Österreichischen Volkspartei sowie der Firma Unilever.

Im Ergebnis wird deutlich, dass sich die Grundlagen effektiver Kampagnenführung verändert haben und es sowohl neuer Wege als auch veränderter Strategien bedarf, um Menschen nachhaltig zu erreichen.

Von der Botschaft zur Bewegung
Die 10 Erfolgsstrategien des Barack Obama
Kerstin Plehwe mit Maik Bohne

Erscheinungsjahr: 2008
Verlag: Hanseatic Lighthouse, Hamburg
ISBN: 978-3-9812629-1-9

Menschen überzeugen und begeistern - welcher
Politiker, welches Unternehmen will das nicht?
Barack Obama hat dies nicht nur erfolgreich vor-
gemacht, sondern wurde auch zum Inbegriff eines
neuen, authentischen Politikers. Mit seiner modernen und mutigen Art der Kommunikation und
Kampagnenführung hat er auch Menschen überzeugt, die eigentlich mit Politik nichts zu tun
haben wollten. Barack Obama wurde allen Widrig-
keiten zum Trotz vom Nobody zum Shooting Star,
schlug die Top-Favoritin Hillary Clinton aus dem
Rennen und erreichte weltweite Anerkennung für
seine Fähigkeit, aus einer simplen Botschaft ein
erfolgreiche, Millionen Menschen starke Bewegung zu machen.

Die Politik- und Wirtschaftsberaterin Kerstin
Plehwe blickt mit dem Politikwissenschaftler Maik
Bohne hinter die Kulissen dieses faszinierenden
Erfolgsbeispiels und zeigt praxisnah, was Unter-
nehmer, Politiker und Manager in Deutschland von
Barack Obama lernen können. Erfahren auch Sie
die 10 Erfolgsstrategien des Barack Obama!